播撒创意的种子

BOSA
CHUANGYI
DE
ZHONGZI

——小学生创造力开发

XIAOXUESHENG CHUANGZAOLI KAIFA

罗玲玲 王 丽 ◎主编

首都经济贸易大学出版社

Capital University of Economics and Business Press

·北京·

图书在版编目（CIP）数据

播撒创意的种子：小学生创造力开发/罗玲玲，王丽主编. —北京：首都经济贸易大学出版社，2013.10

ISBN 978 - 7 - 5638 - 1415 - 2

Ⅰ. ①播… Ⅱ. ①罗… ②王… Ⅲ. ①创造能力—能力培养—少儿读物 Ⅳ. ①G305 - 49

中国版本图书馆 CIP 数据核字（2013）第 233760 号

播撒创意的种子——小学生创造力开发

罗玲玲　王　丽　主编

出版发行	首都经济贸易大学出版社	
地　　址	北京市朝阳区红庙（邮编 100026）	
电　　话	(010) 65976483　65065761　65071505（传真）	
网　　址	http：//www. sjmcb. com	
E - mail	publish@cueb. edu. cn	
经　　销	全国新华书店	
照　　排	首都经济贸易大学出版社激光照排服务部	
印　　刷	三河市腾飞印务有限公司	
开　　本	787 毫米×1092 毫米　1/16	
字　　数	300 千字	
印　　张	11. 75	
版　　次	2013 年 10 月第 1 版第 1 次印刷	
书　　号	ISBN 978 - 7 - 5638 - 1415 - 2/G · 334	
定　　价	25. 00 元	

编　委　会

前　言

　　好奇、爱思考、爱发问，是小学生的优点，也是所有创造的必要条件。可惜，一些小学生在成长的过程中，知识一天比一天多的同时，对新奇事物也不大敏感了，也不大敢提出问题了。为了让小学生在学习知识的同时，创造性也得到健康发展，我们编写了这本教材。

　　小学生创造力开发的重点是让学生本来具有的创造性心理品质，如好奇心、想象力、冒险探索精神等不受到束缚。所以，这本教材的整体设计注重与小学生的心理发展特点、实际能力相适应，打破以往创造教育模式中过多的主观性、成人化和"栽培性"的急功近利的做法，主要启迪学生的创造意识，培养创造品质和精神，不把产生创造性产品看做是最主要的目的。教材的编写以感知、情感、想象、动手能力的发展为主，穿插简单的创造方法学习和有趣的综合活动。

　　其中，创造性感知的发展，包括无意中感知秘密、有意观察中发现问题、不同的思考角度、回到童稚状态、执著地探索、直觉的力量等内容。

　　想象力的发展，包括丰富视觉想象力、扩展多种想象力、刺激感官的想象、不寻常的想象角度、情感和情节的想象、动觉型的想象、幻想等内容。

　　情感智慧和动手能力的发展，包括情感体验与创造、情感表达与创造、情感控制与合作、宽容与幽默、玩中也有创造、玩中探索、探索生活空间等内容。

　　简单的创造性思维方法，包括缺点列举、感官利用、组合、替代、向唯一性挑战、打破规则、大一大和小一小、加一加和减一减、比一比、反一反、寻找相似、假如我是它等内容。

　　综合活动包括舞蹈伊甸园、笑话胡同、漫画博物馆、小小杂志人、创造性游戏——未来文化、创造性戏剧——未来环境、创造性设计——未来社会、小小发明家——未来科技等内容。

本教材的内容和环节设计还有一个重要的目的——发展孩子的未来想象力。美国著名创造心理学家托兰斯（E. P. Torrance，1987）在一个追踪 22 年的纵贯型研究中发现：小学时代对于自己的未来生涯越清晰且坚持越久的人，在成人时代的创造性成就越突出，"未来生涯意象"的预测力比智商还强[①]。所以，有关未来想象（Futures Imagination）的问题，值得教育者深思。目前，中国的学生对于未来趋势缺乏足够的敏锐度，这与学校的课程与教学没有适当的未来导向有很大的关系，为了让学生发展出想象未来、适应未来与创造未来的能力，本教材的综合活动主题涉及了未来文化、未来环境、未来科技、未来社会四大主题。

教材中一些主题和练习环节的设计，力图充分调动学生的身体语言、符号语言、视觉语言和多媒体语言，发展对未来的想象力和敏感力，力图引导小学生在探索知识和学习知识的过程中，体验前人创造的艰辛，在创造性活动中享受创造的乐趣，感受到创造并不神秘，创造可以亲近，从小学开始，播下一颗创意的种子。

根据国家基础教育改革的精神，这本教材许多课的设计都综合了各门学科的内容，打破了学科间的界线，因此本教材也可成为致力于学校综合课程改革教师的一个参考。有些课的内容和练习题也与语文、数学、美术、音乐、体育、自然常识等课程紧密结合，可作为这些课程创造性教学的参考。同时，教材中的综合活动课的设计也可作为学校组织课外活动时的参考。

沈阳市沈河区文化路小学将小学生创造力开发作为一门校本特色课单独开设，教材的使用分两年完成，每学期一单元，每单元 10 课，每课 2 学时，其中每项综合活动课占 4 学时。

罗玲玲

2013 年 8 月 5 日

---

① 詹志禹，陈玉桦. 发挥想象力共创台湾未来——教育系统能扮演的角色 ［J］. 教育资料与研究双月刊，2011（100）：23 - 52.

目 录

标＊的为综合活动课

第1课

瘪口袋和胀口袋
——无意中感知秘密

五彩缤纷的热气球（如图1-1所示）可以带我们飘游四海，小朋友们一定想坐上去，请大家想一想，热气球为什么会升上天呢？

图1-1　五彩缤纷的热气球

一、实验揭示秘密

下面我们用一个试验，帮助大家理解热气球上天的原理。请同学们找一个不漏气的塑料口袋套在玻璃瓶上，用橡皮筋扎紧，请大家仔细观察：这时口袋瘪瘪的。如果割断橡皮筋，口袋不会飞起来。

如果把玻璃瓶装上热水，套上塑料袋，扎紧，这时口袋有什么变化呢？观察是不是口袋逐渐变得鼓鼓的。如果割断橡皮筋，口袋会一下子飞起来（如图1-2所示）。

同学们是不是一下子就明白了为什么热气球会飞上天空啦？

你们知道世界上第一个热气球是怎么发明出来的吗？

图 1 - 2　热气球模拟实验

二、无意引导的发现

热气球的发明源于一个无意发现的秘密。

18 世纪，法国造纸商蒙戈菲尔兄弟无意看到壁炉里燃烧的碎纸屑在火炉中不断升起，感到非常有趣，这是为什么呢？他们于是用纸袋做实验，发现纸袋能够随着热气流不断上升，由此得知集聚热气可使物体上升。1783 年 6 月 4 日，蒙戈菲尔兄弟在里昂安诺内广场进行公开表演，将一个圆周直径接近 34 米的模拟气球升起，这个气球用糊纸的布制成，布的接缝用扣子扣住。兄弟俩用稻草和木材在气球下面点火，气球慢慢升了起来，飞行了 1.5 英里。乘坐蒙戈菲尔兄弟制造的气球的第一批乘客是一只公鸡、一只山羊还有一只丑小鸭。

热气球由球囊、燃烧器、吊篮三大部分构成。它的飞行原理是热空气轻于冷空气而产生的升力，通过燃烧器点火、熄火的间隔时间长短调整球囊内温度来控制热气球的升降，利用不同高度层的风向来控制和调整热气球的前进方向。

三、提问中体会发现的乐趣

物理学家费曼小时候骑在爸爸的背上去树林散步，总是不停地问问题：

为什么树叶上有 C 形坏死的痕迹？

为什么鸟总是啄它的羽毛？

为什么马车拉动时，车上的小球往后走？马车停止的时候，小球往前滚？

"父亲用许多实例来讨论，没有任何压力，兴趣盎然的讨论，一生中一直激励我，使我对所有的科学领域着迷，我只是碰巧在物理学中多建树一些罢了。"获得了诺贝尔物理学奖的理查德·费曼这样回忆他的童年。

 练习题

1. 你的无意发现（先个人完成，再与你的同桌互换交流）

你无意中有什么发现？

_____

你是否重复试验了这个发现？

_____

你是否探究了你发现的这个现象产生的原因？

是□   否□

你是怎么探究你发现的这个现象产生的原因的？

_____

根据你的这个发现，你有什么结论？有什么创意？

_____

2. 你的为什么（先个人完成，再与小组同学交流）

第一步，你生活中和学习中都有哪些问题让你疑惑，请在下面写下来。

（1）_____

（2）_____

（3）_____

（4）_____

第二步，你曾经向谁问过这些问题？为什么他们没有解决你的疑问？

如果没有问过，为什么不问？

（1）_____

（2）_____

（3）_____

（4）_____

第三步，看了费曼的故事，你准备如何解决你的疑问？

_____

3. 你发现了吗（课后练习）

电线上的一群鸟是怎么站的？彼此之间是否有固定的距离？在公共场合的坐椅上，是否也存在这个现象？

请观察后写出报告，并去探究原因。

> ✦ **本课要点：**
>
> 无意中引导发现：无意的发现非常珍贵，能启发人的思考，是产生科学发现和新发明的种子。
>
> 抓住发现的机遇：多问为什么，把一切都看做是有趣的、值得探索的，就会有新的发现。

第2课

吹泡泡
——有意观察中发现问题

全世界的小朋友都喜爱吹泡泡的游戏（见图2-1）。

小朋友们在春天的草地上一起吹泡泡，瞧，满天都是泡泡，有的像珍珠，有的像皮球，还有的两个泡泡连在一起像只小葫芦，泡泡在空中飘呀飘呀，时而变幻色彩，时而变换大小。

在阳光的照耀下，泡泡闪着五颜六色的光芒，里面还有各种各样的图像上下转动着，还映出了小朋友的笑脸。

图2-1 小朋友吹泡泡

一、吹泡泡中的有意观察

1. 制作泡泡溶液的秘方

传统的制作方法是在冷水里加点肥皂水或者洗洁精就行了，这是我们小时候常用的方法。现在，要介绍的是一种新的方法：用泡好的热茶水滤掉茶叶后，加入一些白砂糖，搅匀之后滴入一些洗洁精，然后再搅匀后让它冷却，最后再放入一些胶水，比例适中即可，搅匀后就可以吹了，配方安全，无毒无害。这种水用来吹泡泡的效果非常好（因为白砂糖和胶水能增加泡泡的张力，所以泡泡能吹得很大）。

2. 考考你的观察力

请问：你经常吹出的泡泡是什么形状的？泡泡为什么大小不一样？你经常看到的泡泡是什么颜色的？在阳光下是什么颜色的？泡泡为什么会不见了？泡泡是怎么产生出来的？

观察是一种有意识的关注，可能带来新的发现。观察需要运用我们的所有感官，全身心去体验。

泡泡里面有什么？请小朋友们仔细观察，并发挥丰富的想象力，说一说你在这么多泡泡里面，都看到了什么？

仔细观察，你看到了什么过去没注意的现象？

_____

想象一下，泡泡里面还有什么？

_____

3. 吹泡泡的拓展实践

每次总是吹出同样大小的圆形泡泡，太单调了。能不能吹出不同形状、不同颜色、不同气味的泡泡呢？

做一些奇形怪状的框框，只要将它往肥皂水里一沾，然后嗖地一甩，看能否甩出奇形怪状的肥皂泡。

如果把大小两个管子套在一起，就能吹出圈套圈的泡泡。

如果在肥皂水中滴上点红药水、紫药水呢？

如果在肥皂水中滴点香水呢？

二、观察中有猜想

山西省忻州市第一中学的张凌仔细观察蜂巢后，发现蜂房并不全是六边形的。他发现新蜂巢不具有六边形结构，但是旧蜂巢具有明显的六边形结构（见图 2-2）。为什么会是这样呢？

于是他猜想：蜂巢六边形结构的成因与院子里几个孩子所吹肥皂泡的六

图 2-2　蜂巢

边形结构的成因可能是相同的，多个大小相同的肥皂泡挤在一起时，围在中间的肥皂泡的横截面为六边形；再观察蜂巢，发现蜂巢中间的蜂房是六边形的，边缘的蜂房不是六边形的，如果把蜂巢浸在水中，当蜂巢变湿润时，就可以把蜂巢分离成单个的圆筒。

　　最后他得出结论：蜂房的雏形是圆筒形的，由于液体表面张力的作用，中间部分的蜂房就形成了六边形结构，这个过程与肥皂泡的六边形结构成因是一致的，是液体表面张力作用的结果。张凌根据自己的观察和思考写出一篇文章"液体表面张力与蜂巢"，获得全国青少年科技创新大赛一等奖。

知识点补充：液体表面张力

　　凡作用于液体表面、使液体表面积缩小的力，称为液体表面张力。它产生的原因是：液体跟气体接触的表面存在一个薄层，叫做表面层，表面层里的分子比液体内部稀疏，分子间的距离比液体内部大一些，分子间的相互作用表现为引力。就像你要把弹簧拉开些，弹簧反而表现得更有收缩力。正是因为这种张力的存在，有些小昆虫才能无拘无束地在水面上行走自如。

请同学们找出一个你身边的常见物，通过用心观察，发现这个常见物的一些与你以往认识不同的新特征，并把它们记录下来，在课堂上与同学们分享，比比谁记录得最全面、最仔细、最打破常规、最与众不同。

 练习题

做一次餐厅主人（见图2-3）。

图2-3　餐厅

到一个你常去的餐厅吃饭，认真观察周围客人的组成、进餐状态等内容，可以通过分时段多次观察采集信息。最后，设想如果你是这家餐厅的新主人，你想以怎样最可行的方法改进餐馆工作，以吸引更多的顾客呢？

请列出至少8种改进餐馆工作的想法和8种吸引顾客的想法。

第一步，改进餐馆的想法：

（1）_____

（2）_____

（3）_____

（4）_____

（5）_____

（6）_____

（7）_____

（8）_____

（9）_____

（10）_____

第二步，吸引顾客的想法：

（1）_____

（2）_____

（3）_____

（4）_____

（5）_____

（6）_____

（7）_____

（8）_____

（9）_____

（10）_____

第三步，哪些是你观察中直接得到的，哪些是你在观察中又与别的餐厅比较后得到的想法？把统计结果写在下面：

观察中直接得到的想法：_____个

与别的餐厅比较后得到的想法：_____个

请你亲身实践后，完成这个练习。

★ **本课要点：**

观察是一种有目的的、有计划的、持久的对事物的关注，观察往往能导致新的发现。观察中有比较，观察有时借助想象，提出一些能给他人启迪的假设和猜想，然后再想办法证实这个猜想对不对，以帮助我们解决问题。

第 3 课

小老鼠也能长犄角吗
——丰富视觉想象力

一位专家对两个即将上学的男孩子做过一项测验，要求他们画一个世界上没有的动物，凭着自己的想象画。

一个男孩画了一个头上长了一对犄角的小老鼠。这个小怪物面带忧伤，蜷缩在左下角，露出可怜而弱小的样子。因为它长得与别的老鼠不一样，大家都不喜欢它，它为了寻找朋友而屡遭危险。

另一个小男孩画了一只活泼可爱的、长着四只耳朵和一对翅膀的老鼠，因为它耳听八方，具有神奇的功能，遇险还能飞，是老鼠中的小飞侠，在老猫嘴中救了许多伙伴。

可见，想象的动物都有真实动物的影子，可是又超出了真实的动物，你也可以想象一个世界上没有的动物，形象越奇特越好，在细节上越清晰越好。

一、你的想象清晰吗

闭上眼睛，想象如下事物：
（1）家里的厨房。
（2）春天的公园。
（3）繁忙的公交车站。
（4）周一学校的升旗仪式。
是否头脑中都会出现清晰的画面？如果画面不清晰，那是为什么？你想过吗？

二、看图想象

看图片，说出你的想象（全班同学分组发言，每组指定一张图 3-1 中的图片）。

图 3 - 1 各种想象的图片

三、如果丧失了视觉会怎样

每个同学都与自己的同桌玩"视觉暂时丧失"的游戏，用头上的帽子或头巾蒙上你同桌的眼睛两分钟，只用手去摸一个物品，猜出它是什么，你可要难住你的同桌哟。

角色互换，蒙上你同桌的眼睛，让同桌在看不见的状态下写 10 个字，观察这样写出的字有什么特点。

想象一下，如果从现在起你丧失了视觉，你平时获得的信息会少多少？如果你天生就丧失了视觉，你获得的信息又会少多少？你还能想象出一个小怪物的样子吗？

 练习题

1. 画出校园里你的"隐身好友"

想象：在我们学习的这个校园中，你有一个别人都看不见的"隐身好友":在你高兴的时候,他在你的身边;在你不开心的时候,他也在你的身边;他陪你一起长大,只是你的同学们谁也看不见他,因为他会隐身。他(或她、它)是动物?是植物?是人?是小精灵?还是谁也没见过的外星生物……终于有一天,你看到了他(或她、它),你迫不及待地把他画了下来,问问其他同学见过他吗?

把画拿到手中,站在黑板前,与同学们一起分享你与"隐身好友"的成长故事。

2. 校园大门(课后练习)

凭记忆画出校园的大门,第二天上学时,站在校门前好好对比一下,你画的大门与真实的大门有什么不同?你漏掉了什么关键的部分?

想象未来校园大门是什么样的?要充分发挥你的想象力,你再画一张画。

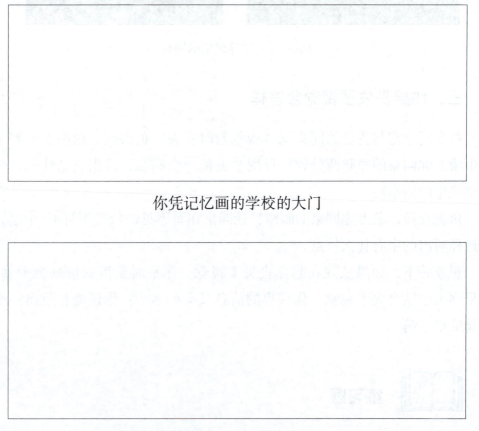

你凭记忆画的学校的大门

你想象的未来校园大门

第 4 课

让小树懒下来
——扩展多种想象力

在热闹的森林公园里，一群小朋友正在和可爱的小树懒玩耍，他们欢呼着、叫喊着，非常开心，都沉浸在快乐的打闹中。突然，小树懒离开小朋友们爬到了一棵大树上，任凭小朋友们怎么喊它也不下来。有的小朋友急得都哭了。怎么办呢？快帮这群小朋友想想办法，让小树懒下来和他们玩吧（见图4-1）。

图 4-1 树懒

你有多少种办法呢？至少选出 10 种有趣的、富有想象力的办法，并详细说出每种办法如何操作。

（1）_____

（2）_____

（3）_____

（4）_____

（5）_____

（6）_____

（7）_____

（8）_____

（9）_____

（10）_____

在解决这个想象中的问题时，同学们提出的办法中，有的用到了视觉想象，如用鲜艳的红颜色引起它的注意和兴趣；有的用到了嗅觉想象力，如用它喜欢的食物吸引它，食物会散发出引诱它的气味；有的同学用到了声音想象力，如用好听的音乐。丰富的想象，就是能充分利用我们身体的各种感觉器官接收的视觉、听觉、嗅觉、味觉、触觉和动觉进行想象。能唤起人们具体的感觉经验的想象最能吸引人的注意。

一、想象的世界

（1）开门的声音。

（2）暴雨落地的声音。

（3）走街串巷的叫卖声。

（4）下课时，学校操场的喧哗声。

（5）松软的棉花的感觉。

（6）洗冷水澡。

（7）小虫子掉在衣服里的感觉。

（8）冻耳朵的感觉。

（9）跳舞时肌肉的感觉。

（10）踢石头的感觉。

（11）爬上高架的感觉。

（12）在地上画画的感觉。

（13）橘子的味道。

（14）辣椒的味道。

（15）野菜的味道。

（16）茶的味道。

（17）臭豆腐的味儿和味道。

（18）汽油味儿。

（19）烧焦的毛发味儿。

（20）面包的香味儿。

（21）极度兴奋的感觉。

（22）饱食终日的感觉。

（23）极度疲劳的感觉。

（24）紧张的感觉。

如果做哪个练习时，你想象不出来，或是模糊不清的，说明你平时缺少这方面的体验，没关系，以后多体验，让生活更丰富。

作家和画家都十分重视各种生活体验，因为只有生活才是创造的源泉。有的同学写作文时感到困难，是因为语言贫乏，不知如何表达；有的同学不是因为语言贫乏，而是缺少感受，想象受到了阻碍。

二、罐里是什么？

你有一只漂亮的巧克力罐（见图4-2），里面装满了各种各样的巧克力。有一天，你伸手去取巧克力，吓了你一大跳，原来你最爱吃的巧克力全都不见了，里面却有了别的东西。里面是什么东西呢？至少想出 20 个有趣的、出人意料的答案，写在下面的空格里。（例如：妈妈发现巧克力过期就扔了；里面有一只吃巧克力渣的小老鼠。）

图 4-2　罐子

（1）_____

（2）_____

（3）_____

（4）_____

（5）_____ （6）_____

（7）_____ （8）_____

（9）_____ （10）_____

（11）_____ （12）_____

（13）_____ （14）_____

（15）_____ （16）_____

（17）_____ （18）_____

（19）_____ （20）_____

同桌相互交流答案，把同桌最有想象力的答案标出来，念给全班同学。

 练习题

1. 讨厌的蚊子

当你上床休息时，常会遇到十分恼人的问题，就是总有蚊子在你周围不停地嗡嗡叫。请你想一想，怎样从视觉、听觉、嗅觉、味觉、触觉和动觉的角度进行思考、想象，来解决这个问题呢？最少列出 20 种有趣的、幽默的甚至荒唐的办法。

（1）_____ （2）_____

（3）_____ （4）_____

（5）_____ （6）_____

（7）_____ （8）_____

（9）_____ （10）_____

（11）_____ （12）_____

（13）_____ （14）_____

（15）_____ （16）_____

（17）_____ （18）_____

（19）_____ （20）_____

2. 根据你写的上面第 1 题中的答案，编一个有趣的故事

💥 **本课要点：**

　　阿尔伯特·爱因斯坦曾说，想象力比知识更重要，因为知识是有限的，而想象力是推动知识进化的源泉。想象力有多种，如视觉想象、听觉想象、嗅觉想象、味觉想象、触觉想象、动觉想象等。充分发挥各种想象力的前提是多体验。

第5课

帽子里怎么会有战斗
——舞蹈伊甸园*

一本《来自大自然的真实故事》，深深地吸引了一个6岁男孩子。他屏住呼吸盯着一幅画，心在剧烈地跳动。画中一条大蟒蛇张开血盆大口吞吃一个动物。书上说："巨蟒一口吞下了被捕获的动物，并没有消化。之后，大蟒不能运动，躺在那儿要待上6个月，它需要慢慢消化。"

小男孩读了这个惊险的故事后就一直在琢磨：被大蟒蛇吞下的动物可能还活着。几天后，他成功地用彩笔创作了他一生中的第一幅画（见图5-1中左图）。他拿自己的画作给大人看，并问他们，是否看出他画了一场惊心动魄的战斗？"战斗？帽子里怎么会有战斗？"大人们说。

"我画的不是帽子，是原始森林中一条蟒蛇吃了一头小象。"但是大人们不能理解他的画。于是他又画了另外一幅画（见图5-1中右图），在大蟒蛇的肚子里画了一头小象。他想，这回大人应该看懂我画的是什么了。而这次大人们的反应是，让他把丛林蟒蛇的画放在一边，说："不管它肚子里还是它肚子外有什么有趣的东西，去看语法和地理书吧。"于是，一个6岁的男孩，也许可以成为著名画家，但他的"画家生涯"就这样被中断了。大人的态度，让孩子觉得，他的两幅创作画都是失败的。

图5-1　小男孩的画

这个小男孩后来成为一名优秀的飞行员，但他始终不能忘怀小时候发生的这件事。他一直保存着自己的第一幅创作画。他试着问别人，希望有一个大人能真正理解这幅画的意思。但无论是谁都回答说："这是一顶帽子。"

你知道吗，完全来自个人的体验对创造来说是多么重要。

为了证明这一点，我们来跳舞。

一、听从内心的感受起舞

1. 跳起来

听音乐《小狗圆舞曲》（肖邦），第一遍只用脚来表达，第二遍加上手的动作。大家随意地跟着音乐摆动身体，无拘无束地跳起来。

2. 舞起来

听音乐《蓝精灵》，跟着音乐随意摆动身体，无拘无束地舞起来，并找到你的伙伴，一起互动。

二、创作姿态：赛跑

每组选择一个童话故事，每个同学都扮演这个童话中的一个人物。如，七个小矮人、巨人、唐老鸭、乌龟等，然后按照这一特定人物走路的姿势参加赛跑（如图 5-2 所示）。

图 5-2　童话故事中的主人公

三、创作舞蹈：自由表达

第一步，听音乐《森林幻想曲》，随意地跟着音乐摆动身体，无拘无束地跳舞。

第二步，回答问题：

（1）小时候喜欢这样随意跳舞吗？

　　①喜欢　　　　　　②不喜欢　　　　　③说不清

（2）你现在经常跳舞吗？

　　①经常跳舞　　　　②不跳舞　　　　　③有时跳舞

（3）你认为自己擅长跳舞吗？

　　①擅长　　　　　　②不擅长　　　　　③说不清

第三步：回想和再感受。

听了这个音乐，你联想到了什么？有什么回忆？

事情发生时你有什么体验？

你是否想向别人表达你的体验？

第四步：表达。

现在，再听一遍这个曲子，不用语言，要用肢体和表情来表达你的体验。

不要怕别人笑话，大胆表达。

互相鼓励，互相完善，互相欣赏。

第五步：评价。

你是不是为你自己和同伴的表达所感动？

你是不是觉得自己和同伴其实都擅长跳舞？

 练习题

1．我是最生动的舞者（课后练习）

每个小组从大家刚才表演的主题中选择 1～2 个主题进行完善加工，每个人都要参与其中一个舞蹈的表演，可以运用多种技术手段来强化效果，但不要使用危险的方式（如火、爆竹等）。练习好后参加班组的舞蹈伊甸园比赛。

2. 全班同学参加舞蹈伊甸园比赛，请选出你心目中的"最佳创意奖"和"最佳表演奖"

奖项	获奖者	获奖理由
最佳创意奖		
最佳表演奖		

3. 写一篇日记，谈谈参加这一活动的感受

✳ **本课要点：**

内心所发生的独特感受非常可贵。独特的感受可以用语言表达，更直接的是用肢体和音乐表达。用舞蹈表达创意时，先不要在乎跳舞的技巧，主要是让创造欲望存在，这样心中创造的"太阳"就会喷薄而出。

第6课

怎样留下这个小矮人

——刺激感官的想象

如果你遇到了童话故事"白雪公主和七个小矮人"中的小矮人（见图6-1），你特别喜欢他，愿意跟他成为好朋友，那么，你要怎么做才能把他留住呢？

图6-1　七个小矮人

请从视觉、听觉、嗅觉、味觉、触觉多种角度想一想。例如，他喜欢什么形状和颜色的东西？他喜欢什么音乐？能听见什么，不能听见什么？他喜欢什么味道的食物？你是怎么知道的？怎样想办法满足他？他为什么想要待在你家等。例如，让他和我睡一个卧室，把我小时候的摇床给他做睡床，他喜欢摇来摇去的感觉。请同学们尽量把想到的答案写在下面。

（1）_____

（2）_____

（3）_____

（4）_____

（5）_____

（6）_____

（7）_____

（8）_____

（9）_____

（10）_____

一、感官训练

1. 视觉训练

请你与另一个同学面对面，彼此仔细观察对方，一分钟后各自向后转，并改变身上的配件（例如鞋子、帽子、袖子）。当两人都改变好了，再转身相对，看看对方有什么地方不一样了。

2. 听觉训练

请你闭上眼睛，专心听听自己身体内部的声音，例如呼吸声、心跳声，甚至肠子蠕动的声音；再听听室外的声音，例如车子、走廊、门口的声音，或更远的声音；最后听听房间里的声音。活动结束后，同学们可以一起讨论什么是你听到的最奇怪的声音。

3. 味觉与嗅觉训练

请同桌帮你准备一些不同材料、不同口味的食物。你闭上眼睛，先闻闻，看是否能猜出是什么，如果猜不出，再尝一尝，可以跟同学讨论你的体验。

4. 触觉及动觉的训练

请同桌装一些东西在盒子或购物袋中，你用手来摸，说一说你所摸到物品的特征，并猜猜看是什么东西。

二、利用味觉进行创造

世界各国的许多发明者对香味及其在发明创造中的应用，做了广泛的研究，取得了多方面的成果，创造出许多种香飘四溢的新事物。香化对象多以生活用品为主，如纽扣、墨水、纸张、风扇、项链、糨糊、跳棋、钟表、火柴等。物品的香化对象主要用于医疗，如美国、德国和日本研究出香味疗法，俄罗斯还创建了世界上第一座主要靠四季不断开放的香花治病的医院。

请同学们利用味觉，对身边的事物进行改造，使其更加受到人们的喜爱。

把每人想到的主意告诉小组同学，每小组集中创意，完善一个想法，向全班同学介绍。

 练习题

设 计 你 可 爱 的 庭 院

你家房屋的前面有一个庭院，如何将它变得美丽而舒适？请充分调动起各种感官的体验与享受，视觉、听觉、触觉、味觉等。例如，潺潺的流水是听觉的美好体验，夏季盛开的鲜花是嗅觉的享受等。提出 20 种想法，并记录下来。

（1）_____

（2）_____

（3）_____

（4）_____

（5）_____

（6）_____

（7）_____

（8）_____

（9）_____

（10）_____

（11）_____

（12）_____

（13）_____

（14）_____

（15）_____

（16）_____

（17）_____

（18）_____

（19）_____

（20）_____

第7课

指尖芭蕾
——玩中也有创造

儿童的任务是什么？是玩。世界著名教育家卢梭说："儿童应当让他充分享有儿童的生活。"对儿童来说，玩就是学习。

玩是孩子的天性，玩中大有学问。玩，可以刺激大脑发育。

同学们要多体验大自然，看一看红花绿叶，听一听小河流水，小鸟鸣叫；体会一下微风拂面的轻柔，抓一抓粗犷或细密的沙土，都会刺激你们的视觉、听觉、嗅觉和触觉神经，并通过五官传入大脑，刺激越频繁，大脑的发育也就越健全。

一、指尖芭蕾

指尖芭蕾的游戏非常有特色（见图7-1），它不同于以往任何消除类游戏，它灵活地应用 iPhone 的多点触摸特性，使得游戏者的目标不再是将图案移来移去好让它们连成一线进行消除，你要做的是，对相同颜色的圆圈进行

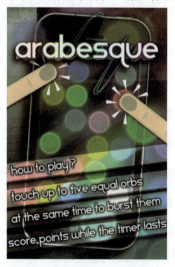

图7-1 指尖芭蕾游戏

27

同时触摸，你虽然有 10 个手指，可是你很难将 5 个手指按到 5 个完全不相关的位置上。想象一下你的手指纠结地扭在一起是什么感觉吧，哈哈！而且要同时按下哦！你没法事先摆放手指，你必须一击必中！这个游戏对于全面观察、快速反应、手脑协调有一定的训练功效。

二、大脑体操

同学们请按照下面的提示，一起做这套大脑体操吧！

第一节："馒头大饼"。

左手拳，右手掌。然后左右手迅速对换。

第二节："一枪打四个"。

左手呈四指掌，右手大拇指与食指呈枪状。然后左右手迅速对换。

第三节："左三右三"。

左手伸出中指、无名指、小指，右手伸出拇、食、中三指。然后左右手迅速对换。

第四节："东风吹西风吹"。

左手成拳伸出大拇指，右手成拳伸出小拇指。然后左右手迅速对换。

第五节："一个鸡蛋两毛五"。

左手伸出食指，右手握成拳，左手伸出食指中指，右手伸出掌。然后左右手迅速对换。

三、手指舞

手指舞是通过手指和手腕关节的弯曲、旋转、跳跃和颤抖等形式，使手部因极其灵活的运动而展现出赋予变化和丰富多彩的各式造型，可以表现街舞的动感与空间延展性、机械舞的各种动作形式与要领，更可以表现芭蕾的灵巧与优美，通常配合音乐展示（见图 7-2）。

同学们可以选择不同音乐，以班级小组为单位，编排出既美观又表达主题，且极富创意的舞蹈，并在班级里展示。

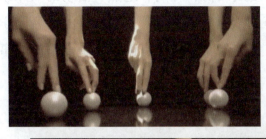

图 7 - 2　手指舞

 练习题

1. 集体造句

这是一个集体游戏，可以与你班级的同学们共同完成。全班分成若干小组，各站成一队。每一小组第一位组员在黑板上随意写一个字，然后将粉笔传给第二人，第二人接着第一个人后面再写一个字，然后再将粉笔交给第三人……直到组成一个句子。如果到队尾句子没有结束，则队尾的组员将句子写完整。写完后进行评比，最后以句子通顺、故事情节有创意为胜。

改变游戏规则是最有创造性的，你能改变这个游戏的规则吗？换一种玩法，使这个游戏变得更好玩。

2. 故事新编

这是一个集体游戏，可以与你班级的同学们共同完成。班级成员分为四个小组，第一个小组每位成员在纸条上写一个时间，例如"星期天""清晨""圣诞节"等；第二个小组每位成员在纸条上写一个地点，例如"教室""海边""故宫"等；第三个小组每位成员在字条上写人物，例如"王小明""杜甫""葫芦娃"等；第四个小组每位成员在纸条上写某种活动，即干什么，例如"坐地铁""吃螃蟹""读书"等。将各个小组的字条汇到一起，然后请同学分别从各个小组随意抽取纸条，按照人物、时间、地点、活动的顺序组成一个简单句，例如"杜甫在圣诞节的故宫里吃螃蟹"。然后再由这名同学按照这个简单句，将故事情节编写完整、合理，并富有创意，看谁编的故事既合乎情理，又出乎意料。

> ✴ **本课要点：**
>
> 　　游戏是人类的天性之一，游戏不仅是学习的调剂品，还是产生创造性设想的来源之一。注意保持游戏心、好奇心、想象力，这样你的头脑就会永远保持灵活。

第 8 课

雨中的麻烦

——缺点列举

又下雨了，没关系，有雨伞嘛。可是有雨伞就没关系了吗？我们在日常生活中经常能用到雨伞，在使用的过程中有没有遇到尴尬的事情，或是雨伞本身就给使用者带来许多的麻烦？我们把麻烦事找出来，解决它。

一、麻烦与解决办法

麻烦一：下雨时，风太大，手中的伞一下子就被大风掀翻了。

解决：有人发明了抗强风雨伞（见图8–1），据说能抗七八级强风呢。

图8–1　抗强风雨伞　　　　　图8–2　连体雨伞

麻烦二：妈妈接我放学，可是伞太小了，我们两人打一把伞，妈妈的肩膀都淋湿了，怎么办？

解决：这种连体雨伞你见过吗（见图8–2）？像连体双胞胎，两人打伞再也不会淋湿了。

麻烦三：撑开的雨伞有时容易伤到旁边的人，怎么办？

解决：把撑开伞的形状变为如图8–3所示的样子，就再也不怕伤人了，它有一个好听的名字，叫礼貌伞。

图 8-3　礼貌伞　　　　　　　　　　图 8-4　不用挂的独立自主伞

麻烦四：下雨天，把湿淋淋的雨伞拿到教室里放到地面上，太妨碍同学们走路了。

解决：让雨伞自己立起来（见图 8-4）。

类似还有很多在使用雨伞过程中遇到的麻烦，我们把它找出来，解决它，一种新雨伞就诞生了。如图 8-5 所示的不用手的雨伞，图 8-6 所示的全方位保护伞，图 8-7 所示的便携式充气伞。

图 8-5　不用手的雨伞　　　图 8-6　全方位保护伞　　　图 8-7　便携式充气伞

请同学们想一想这三种新式雨伞分别解决了雨伞的什么缺点？你还发现雨伞有什么缺点？想办法改进它。

二、一次性水杯的困惑

生活中常用的一次性水杯，你能抱着挑毛病的态度先把它的缺点一一列举出来吗？根据这些找到的缺点，你们能想到改进的方案吗？

缺点一：盛开水后手摸上去很烫手。

解决：加一杯托就好了（这个好像还能解决其他的缺点，请同学们想一想，见图8-8）。

图8-8 加上了杯托的纸杯

图8-9 不一样的纸杯

缺点二：纸杯都长一个样子，喝水人稍不注意就分不清自己所用的杯子了。

解决：在杯子底座的边缘印上字母、数字或图案，用杯子的人喜欢什么可以把其翻过来，这样就可以与别人的杯子区分开来了（见图8-9）。

请同学们进一步找一找纸杯的缺点，并设法将其改进。

缺点：　　　　　　　　　　改进的设想：

（1）＿＿＿＿＿＿＿＿＿＿　（1）＿＿＿＿＿＿＿＿＿＿

（2）＿＿＿＿＿＿＿＿＿＿　（2）＿＿＿＿＿＿＿＿＿＿

（3）＿＿＿＿＿＿＿＿＿＿　（3）＿＿＿＿＿＿＿＿＿＿

（4）＿＿＿＿＿＿＿＿＿＿　（4）＿＿＿＿＿＿＿＿＿＿

 练习题

1. 列举文具的缺点

第一步：在我们日常使用的文具中，选出一种，列举它的缺点，再针对这些缺点，设想改革方案，发明创造新式的文具。写出你的方案，如果能画出你设计的新产品就更好了。

第二步：把全班同学的创意贴在墙上，与大家学习分享，所有的人都可以在别人方案的基础上完善、提出更好的方案，也可以在别人方案的启发下改进自己的方案。

第三步：自由交流，介绍自己如何完善自己的设想或对别人设想如何补充。

2. 城市盲道诊断（课后练习）

在我们的城市中，为了方便盲人在大街上行走，很多道路都铺设了盲道。请你们一起找一段城市道路中的盲道，蒙上眼睛去体会盲人走盲道过程中碰到的麻烦、不易与无奈。然后，给我们的市长伯伯写封信，提出你们对此事的解决办法，以此来帮助盲人们。

✴ **本课要点：**

缺点列举法是发现问题、提出设想最直接的一种方法，列举缺点不是光挑剔，而是采用一种积极的态度，针对缺点提出自己的改进意见。

创意也不是一提出就非常完美，不怕不完美，最重要的是敢于先提出来，然后再完善这个创意。

第9课

糊弄臭虫
——反一反

有这样一个笑话：一个人在一家租金便宜的旅店住着，夜间遭到臭虫的袭击。于是他起身拉开灯，敞开门，又"砰"的一声把门关上，然后重新躺下。同屋的人莫名其妙地看着他。他说："我在糊弄臭虫（臭虫的样子如图9-1所示），让它们以为我已经出去了。"臭虫不是人，它无法知道谁离开了屋子，它只凭气味去寻找可被吸血的对象，所以那位住店人的做法很愚蠢。

图9-1　臭虫

有个聪明人看了这则笑话，却受到这个愚蠢做法的启发，想出消灭臭虫的好主意。在屋外放置一些盒子，盒里面装着一些东西，散发着臭虫最喜欢的气味，让气味把臭虫引到室外。

故事里那位聪明人就是受到愚蠢做法的启发，反过来进行思考：如果不是人离开屋子，而是臭虫离开屋子就能解决问题。这就是从相反的角度来思考。

反一反就是从反向提出问题进行思考，也就是从对立的、颠倒的、相反的角度去想问题，以求得到比正向提出问题更理想的效果。

现在的运动会基本上是比谁跑得最快、跳得最高、力气最大或投得最远等。利用现有的比赛项目，从相反的角度考虑，提出几种新的比赛项目（如吊环时间长等）。

(1) _____

(2) _____

(3) _____

(4) _____

(5) _____

一、哈哈镜——缺点逆用

镜子表面不平会使人容貌变形。反一反，制成哈哈镜（见图9-2），就能逗人哈哈笑。

图9-2　哈哈镜

一提到"缺点"，人们就习惯地抱以否定的态度。有谁会喜欢缺点呢？然而世界上没有十全十美的事物，因而事物的缺点在所难免。如果我们能化解对缺点认识的抵触情绪，想到巧用缺点的办法，不但能将损失降到最低点，而且有可能取得意想不到的效果。

图9-3所示的这幅画多漂亮啊！可惜小画家一不小心在树根那儿滴上了几滴墨。你能利用这几个墨点画些什么，使这幅画更美丽吗？

图9-3　小画家的画

二、惠施的大葫芦——变废为宝

战国时惠施有一次对庄子说："别人送给我个大葫芦种子，我种下后结出许多大葫芦（见图9-4），用它盛水，重得拿都拿不动，剖开做瓢，皮太薄，易碎，无法用它盛什么。因为没什么用我就把它砸碎了。"庄子听了之后说："其实每件事物都有它自己的用场，你认为它无用，实际是因为你没把它安排到合适的位置，假使有朝一日派上用场了，无用的就能变成有用的了。这些大葫芦浮力大，捆一起，做渡河的筏子浮在江湖之中，不是很好吗？"这个故事说明，生活中有很多物品往往由于为它寻找到新的用处而变废为宝。

图9-4 大葫芦

如何处理塑料袋成为环保中的一个难题，你能从变废为宝的角度，思考塑料袋的新用途吗？

（1）_____

（2）_____

（3）_____

（4）_____

（5）_____

 练习题

1．将被烤着吃的小猪

假如你是一只即将被烤着吃的小猪，你将如何摆脱这一困境呢？请尽可能列举多种理由说明：如果吃你会有什么坏处，不吃你会有什么好处，以此请厨师不要烤你。（先在下面写出理由，再与同桌一起游戏，一个扮演小猪，一个扮演厨师。）

（1）_____

（2）_____

(3) _____

(4) _____

(5) _____

2. 新的溜冰场娱乐方式

由楼梯不走、人走，变成人不走、楼梯走，就出现了电梯。现在，溜冰场都是人滑动，冰不动，能否从相反方面思考，想出一种新的娱乐方式？

(1) _____

(2) _____

(3) _____

(4) _____

(5) _____

3. 多嘴多舌的鹦鹉

假如你有一只鹦鹉，它非常爱学舌、多嘴，给你和你的家人带来了很多不愉快，惹出很多麻烦事。那么，你能利用这只爱学舌、多嘴的鹦鹉做什么好的事情呢？

(1) _____

(2) _____

(3) _____

(4) _____

(5) _____

✴ **本课要点：**

人们习惯于正向思考，有时会陷入难以自拔的死胡同。如果经常试着反一反去思考，往往会产生柳暗花明的神奇效果，或使缺点变优点，或使"无用"变"有用"。

第 10 课

创造性游戏
——未来文化 *

人类对未来的兴趣和对未来预测的尝试已有很长的历史了，同学们有没有想象过，未来我们的生活会是什么样子？与我们息息相关的未来文化，如文学、戏剧、美术、曲艺、电影、电视、广播都会是什么样子呢？

一、新型电视机

现在的电视机的功能已经满足你全部需求了吗？哪些功能是你觉得必不可少的？哪些是不必存在的？配合你喜欢的节目内容，展开丰富的预想，想象在未来世界里，电视机是什么样子的？

例如，在看电视剧的时候，不改变频道，而是根据选择菜单，改变某个演员（见图 10 - 1）。

图 10 - 1　可随意改变电视剧中演员的电视机

（1）必不可少的功能：_____

_____

（2）不必要的功能：_____

_____

（3）未来电视的新功能：_____

_____

_____

根据未来电视的功能，你能设计一款新的电视游戏吗？

（1）游戏的主题_____

（2）游戏的互动方式_____

（3）游戏的规则_____

_____

二、未来乐器

你曾经学习过哪种乐器？或者你比较喜欢的乐器是什么？它的外形是什么样的？用什么材料制成的？你能解释清楚它的发声方式吗？请想象一下未来世界的乐器，它们都会是什么样子呢？请不要拘泥于以上提问的角度，发挥创造力尽情想想吧！

曾经学习过的乐器（喜爱的乐器）：_____

（1）乐器的外形：_____

（2）乐器的材料：_____

（3）乐器的发声方式：_____

未来世界的乐器：_____

（1）乐器的外形：_____

（2）乐器的材料：_____

（3）乐器的发声方式：_____

（4）更丰富的想象：_____

_____

图 10-2 展示了一个没有乐器的演奏会，你能想象未来的演奏会是什么样的吗？根据你的想象，设计一个未来音乐会的猜谜游戏，可用肢体方式，

也可用其他你想的方式。

图 10 – 2　没有乐器的演奏会

传统的肢体游戏，如两人一组，一人背对答案，一人做动作，但这太老套了，你的设想一定比这样有趣得多，请开动脑筋，做创意达人！

和你的同桌一起完成这个设想，并表演给其他同学看。

 练习题

1. 1 000 年后的体育运动

想象一下 1 000 年后的体育运动都是什么样的呢？请同学设计一个 3013 年的校园体育游戏。

2. 中国剪纸

同学们知道"非物质文化遗产"是什么吗？让我们首先了解一下它的准确含义吧。根据联合国教科文组织《保护非物质文化遗产公约》给出的定义，非物质文化遗产指被各群体、团体（有时为个人）所视为其文化遗产的各种实践、表演、表现形式、知识体系和技能及其有关的工具、实物、工艺品和文化场所。这种代代相传的非物质文化遗产会随着发展而创新，从而促进文化的多样性，以及激发人类创造力。

我国是世界上入选该项目最多的国家。昆曲、中国书法、中国剪纸、皮影戏等26个项目入选"人类非物质文化遗产代表作名录"，羌年、中国木拱桥传统营造技艺、黎族传统纺染织绣技艺3个项目入选"急需保护的非物质文化遗产名录"。

请同学们以"中国剪纸"为研究对象，先全面了解一下我国的剪纸艺术，再畅谈一下，如果你长大之后成为该项目负责人，你将采取哪些措施对其进行保护，并使其不断发展、继续创新呢？

3. 全班同学参加"创造性游戏"比赛，请选出你心目中的"最佳创意奖"和"最佳合作奖"

奖项	获奖者	获奖理由
最佳创意奖		
最佳表演奖		

✷ 本课要点：

文学、艺术、传媒等文化生活与我们密切相关，把对未来文化的想象与游戏结合起来，能够调动起同学们想象的积极性，也使大家的生活变得更有滋有味。

第11课

下雪的利与弊
——不同的思考角度

北方的冬天经常下雪。雪轻飘飘地从天上降下来，洁白如絮。欣赏着皑皑白雪和银装素裹的世界，令人心旷神怡（见图 11-1）。

图 11-1　雪

一、下雪的好处与坏处

下雪有利（好的方面）也有弊（坏的方面）。下雪的好处有：堆雪人，打雪仗；环境好（下雪就是降水，降水能增加空气的相对湿度），人们可呼吸到新鲜空气；瑞雪兆丰年，减少农民灌溉的成本；厚厚的积雪给冬麦盖了一层被子，有利于来年提高冬麦的产量；可以冻死害虫，减少农作物病虫害；滑雪等。下雪的坏处有：寒冷加剧；道路阻塞，出行困难；行人赶路容易滑倒；蔬菜涨价；不敢骑车；影响电力、通信等。

除了以上列举出的下雪的好处和坏处之外，你还能想出至少 5 种有趣的、不同寻常的下雪的好处和至少 5 种下雪的坏处吗？把你的想法提出来吧。

好处：　　　　　　　　　　　　坏处：

（1）＿＿＿＿＿＿＿＿＿＿　　　（1）＿＿＿＿＿＿＿＿＿＿

（2）＿＿＿＿＿＿＿＿＿＿　　　（2）＿＿＿＿＿＿＿＿＿＿

（3）＿＿＿＿＿＿＿＿＿＿   （3）＿＿＿＿＿＿＿＿＿＿

（4）＿＿＿＿＿＿＿＿＿＿   （4）＿＿＿＿＿＿＿＿＿＿

（5）＿＿＿＿＿＿＿＿＿＿   （5）＿＿＿＿＿＿＿＿＿＿

二、电视的利与弊

你经常看电视吗？

＿＿＿＿＿＿＿＿＿＿＿＿＿＿＿＿＿＿＿＿＿＿＿＿＿＿＿＿＿＿

电视给你带来了哪些好处？

（1）＿＿＿＿＿＿＿＿＿＿＿＿＿＿＿＿＿＿＿＿＿＿＿＿＿＿

（2）＿＿＿＿＿＿＿＿＿＿＿＿＿＿＿＿＿＿＿＿＿＿＿＿＿＿

（3）＿＿＿＿＿＿＿＿＿＿＿＿＿＿＿＿＿＿＿＿＿＿＿＿＿＿

（4）＿＿＿＿＿＿＿＿＿＿＿＿＿＿＿＿＿＿＿＿＿＿＿＿＿＿

（5）＿＿＿＿＿＿＿＿＿＿＿＿＿＿＿＿＿＿＿＿＿＿＿＿＿＿

电视给你带来了哪些坏处？

（1）＿＿＿＿＿＿＿＿＿＿＿＿＿＿＿＿＿＿＿＿＿＿＿＿＿＿

（2）＿＿＿＿＿＿＿＿＿＿＿＿＿＿＿＿＿＿＿＿＿＿＿＿＿＿

（3）＿＿＿＿＿＿＿＿＿＿＿＿＿＿＿＿＿＿＿＿＿＿＿＿＿＿

（4）＿＿＿＿＿＿＿＿＿＿＿＿＿＿＿＿＿＿＿＿＿＿＿＿＿＿

（5）＿＿＿＿＿＿＿＿＿＿＿＿＿＿＿＿＿＿＿＿＿＿＿＿＿＿

在班级里与同学们交流看法，并选出最有趣、最有创造性和最不寻常的想法。

 练习题

1. 电子游戏的好处和坏处

生活在信息时代，同学们都打电子游戏，请同学们谈一谈打电子游戏的好处和坏处。尽可能地提出那些有趣的、丰富多彩的、有创造性的想法。

2. 利与弊的小创编

每个学生以自己的想法为基础，写一首关于假期与陌生人交谈的诗或一篇短文。内容可以包括好的方面、坏的方面，或好坏两方面都有。可以是合辙押韵的，也可以是无韵的；可以是滑稽幽默的，也可以是充满幻想的。完成的诗或短文在班内交流，或用陈列板展示出来。

☀ **本课要点：**

    任何事物都有利有弊，所以，我们看待事物、思考问题时，既要注意事物好的那方面，又要关注事物不好的那方面，这样才能达到全面、深入地认识事物。

第 12 课

电话中的小人

——回到童稚状态

你家有电话吧，第一次见到电话（见图12－1），你会向它提出什么问题？

图 12－1　电话

（1）电话一直工作，它不饿吗？

（2）电话的尾巴太长了，为什么不能短一点？

（3）电话里是不是藏了一个小人？

（4）打错电话，他会生气吗？

（5）电话铃声有时听起来悦耳，有时听起来吵得人心烦，它不能随人的心情而变化吗？

（6）电话有眼睛吗？

（7）电话有思想吗？

（8）电话为什么非要有数字按钮？

（9）电话也要经常洗澡，对吗？

（10）家里的电话不马上收钱，我就经常在电话上聊天。它为什么不能像公用电话一样交钱才能打呢？

上面的 10 个问题是小学四年级的同学提出来的。你认为这些问题可笑吗？为什么？让我们一起来讨论一下吧！

一、保持儿童的好奇心

儿童的最大特点之一是好奇心特别强，比如会问："为什么波斯猫一只眼睛是蓝的，一只眼睛是黄的，而世上却没有长着两只不同颜色眼睛的人？""假如一颗行星撞上了地球会发生什么事？"又比如为了看看一只闹钟内部的秘密，而将它拆开，结果挨了父母的一顿训斥。这些都是好奇心的表现。可惜，大多数人的好奇心却随着年龄的增长而渐渐泯灭了。

好奇心往往能导致发现，怎样才能让我们像儿童一样好奇、敏感、好提问，像儿童一样做事时没有框框束缚，像儿童一样对别人的提问友好、善意。

让我们做回到童稚状态的游戏吧。通过回到童稚状态的训练可以保护好奇心和增强好奇心。

二、动物游戏

1. 学叫声（见图12-2）

图12-2　绵羊、狗、牛、狼

把全体同学分成四个动物组：第一组为羊组，第二组为狗组，第三组为牛组，第四组为狼组。然后每个人都找个伴儿，面对面相互凝视，接着，全体同学按一、二、三的口令，同时用最大的声音发出自己所属动物的叫声。

参加游戏的同学，大概都能体会到一种感情上的障碍：难为情。我已经不是幼儿园的孩子了，学动物叫多可笑。但恰恰是这种"成人化"的情感，使我们变得麻木不仁，不能像幼儿那样好奇、敏感，有问题不敢提出，怕别人说自己"什么都不懂""像个傻孩子"；有了好的新奇的想法，也不敢说出来，怕别人笑话。这些都是不利于创造力发挥的感情障碍。

2．学动作（见图 12－3）

图 12－3　猴、兔、蛇、大雁

把全体同学分成四组：第一组为猴组，第二组为兔组，第三组为蛇组，第四组为雁组。然后，每个人都找个伴儿，面对面相互凝视，接着，全体同学按一、二、三的口令，同时学动物的动作，看谁学得像。

请同学们思考一下：这些动物的动作为什么会这样？我们可以向它们学习什么？

练习题

1. 草帽里的故事

路边有一顶草帽，草帽上压了一块小石头（见图 12-4）。你一定非常好奇：草帽里藏着什么呢？请你猜一猜，并用你的答案编个小故事。

图 12-4　路边的草帽

2. 黑板上的水去哪里了

每天值日用水擦黑板，一会水就不见了，你是否好奇，黑板上的水哪里去了？是蒸发了，还是渗到黑板中了？你能设计一个实验来验证自己的猜想吗？

✴ **本课要点：**

回到童稚状态，身体并未缩小，只是恢复童心，像儿童一样好奇、敏感、好提问，像儿童一样做事时没有框框束缚，像儿童一样友好、善意。好奇心强的同学要保持自己的好奇心，好奇心弱的同学要通过训练来改变现状。

第13课

人在非洲

——情感体验与创造

一、非洲原始部落人们的房屋建筑

如果你居住在如图 13 - 1 所示的没有任何照明设施的原始房屋建筑中，会有什么样的情感体验？接着会萌发怎样的想法或创意？

图 13 - 1　原始部落的房屋

二、非洲原始部落人们的衣着和装饰

如果你就生活在如图 13 - 2 所示的穿着打扮的原始部落社会中，会有什么样的情感体验？接着会萌发怎样的想法或创意？

图 13 - 2　原始部落的衣着和装饰

三、体验非洲的生活环境，创作探险故事

1. 假如你现在生活在非洲，试着体验以下情感

● 从低地雨林来到了东非森林，抬头突然看到了椰子树，接着看到了腰果树，然后又看到了杧果树。

- 来到了红树林沼泽地，突然发现自己身陷沼泽地。
- 在辽阔的草原上看到了斑马和长颈鹿。
- 观察河马过河。
- 看着犀牛打架。
- 骑着非洲象行走，突然发现了非洲羚。
- 费尽了力气刚爬到高树上，却发现有只豹子圆睁着双眼正对着自己看。
- 为了避开饥饿的狮子的追赶，逃进了一片荆棘林地里。
- 烈日炎炎下，在沙漠中口渴得不行。
- 在非洲林地里，发现了多种从未见过的漂亮的小鸟，静静地聆听它们的歌唱。
- 在灌木丛中走着走着，突然眼前出现了一条上身直立的眼镜蛇。
- 一条巨大的蜥蜴挡住了你的去路。
- 走着走着，突然感觉踩到了软绵绵的东西上，仔细一看，原来脚下是条大蟒蛇。
- 突然发现有肺鱼在横穿陆地。
- 在森林里，突然有一大群类人猿或大猩猩围住了你。
- 在你躺着休息醒来后，看到有一只蟾蜍正趴在你的胸脯上看着你。
- 由于偷吃蜂蜜，你捅了马蜂窝。
- 蚊子会传播疟疾，你却被它叮了一下。
- 你伸手到包里拿东西，却被扎了一下，打开包一看，原来有两只刺猬在里边。
- 有一只鹰叼走了你手里的包。
- 行路中你遇到了两只狮子幼仔。
- 看到了一只受伤的小雕。
- 发现非洲植被正在遭到破坏，很多动物正在失去自己的家园。
- 非洲约有 3 亿人口因为缺水而过着贫苦的生活，而你就是其中的一位。

52

2. 根据以上情感体验（或部分情感体验），创作一篇非洲探险故事，情节越是离奇曲折、险象环生越好

 练习题

1. 提出你的真实体验

在你的人生经历中，有过许多印象深刻且意义重大的真实情感体验，请你选择一个列举出来，这个真实的情感体验是：_____

2. 以真实体验为基础进行创编

详细地回忆这个真实的情感体验，并在此基础上进行一些想象加工，进行适当的虚构，然后创作出一部作品（可以是一首诗歌、或者一篇故事、或者一篇科幻小说、或者一个小发明等）

✴ **本课要点：**

真实的情感体验是想象、创造的基础，情感体验越深刻越丰富，想象、创造就越生动，越流畅越有趣。所以，要有意识地深入体验生活中的点点滴滴，为以后的各种创造或创作积累资料。

第 14 课

我怎样感谢你
——情感表达与创造

你帮助或关爱过别人吗？他（她）感谢你了吗？是怎么对你表达感谢的呢？另外，别人帮助或关爱过你吗？或者你接受过别人的帮助或关爱吗？那么，你感谢他（她）了吗？是怎么感谢他（她）的呢？

接受帮助或关爱的人，应该懂得感恩，对得到的帮助和关爱表达感谢，什么样的感谢富有创造性呢？

一、真人真事：一个诚信的故事

哈里斯是美国纽约市一家知名广告公司的高级职员。2010 年的一天中午，她和朋友在一家餐厅外面的大街上碰见一位流浪汉。

流浪汉走近她，嗫嚅 [niè rú] 地对她作自我介绍："我叫瓦伦丁，今年 32 岁，失业三年了，只靠乞讨度日。不知您是否愿意帮助我，比如给我一点零钱，让我买点生活必需品。"

哈里斯对年轻的流浪汉瓦伦丁动了恻隐 [cè yǐn] 之心，微笑着对他说："没问题，我十分愿意帮助你。"就伸进口袋去掏钱，遗憾的是，她身上没有带现金，只带着一张信用卡，不知接下来该怎么办。瓦伦丁看出了她的难为情，小声说："如果您相信我，能将这张信用卡借我用吗？"心地善良的哈里斯想也不想便同意了，随手将信用卡递给瓦伦丁。

瓦伦丁拿着信用卡离开后不久，哈里斯就开始怀疑和后悔："我的信用卡不仅没有设置密码，里面还有十万美元，如果他拿着信用卡跑掉，我就倒大霉了。"朋友也埋怨她太天真太善良了。

然而，令他们意外的是，没过多久，流浪汉瓦伦丁回来了，他双手将信用卡递给哈里斯，恭敬地将自己消费的数额一一报上："我一共用卡消费了 25 美元，买了一些洗漱用品和两瓶水，请您核查一下。"

面对这位诚实守信的流浪汉，哈里斯和朋友在诧异的同时，更多的是感动，她不由自主抓住瓦伦丁，连连地说："谢谢您，谢谢您！"

瓦伦丁一脸疑惑，心想："她帮助了我，我应该感谢她才是，她为什么却要感谢我呢？"

随后，哈里斯和朋友将刚刚发生的事通过纽约邮报进行了报道，顿时在社会上引起了巨大反响。几天后，威斯康星州航空公司表示愿意招聘瓦伦丁担任公司的空中服务员。

如果你是瓦伦丁，你怎样向哈里斯表示感谢？能想出最有创意的主意吗？

二、如何感谢妈妈的爱

在我们的人生中，妈妈为我们默默地付出了无私的爱（如图 14 - 1 所示）。而对妈妈的爱我们如何去表达感谢呢？你能想出多少种表达感谢的想法，请把最有创意的想法写出来（至少 10 种）。

图 14 - 1　我和妈妈

(1) _____

(2) _____

(3) _____

(4) _____

(5) _____

(6) _____

(7) _____

(8) _____

(9) _____

(10) _____

练习题

1. 远方朋友的礼品

远方的好朋友在你生日的时候寄来了一件精美的礼品（见图 14 - 2），你怎么表达感谢呢？至少想出 10 种表达感谢的方法。

图 14 - 2　礼物

(1) _____

(2) _____

(3) _____

(4) _____

(5) _____

(6) _____

(7) _____

(8) _____

(9) _____

(10) _____

2. 设计有感情的椅子

目前市场上面的一些造型奇特的新式椅子层出不穷，如图 14 - 3 所绘的树叶椅子、扑克牌椅子等。

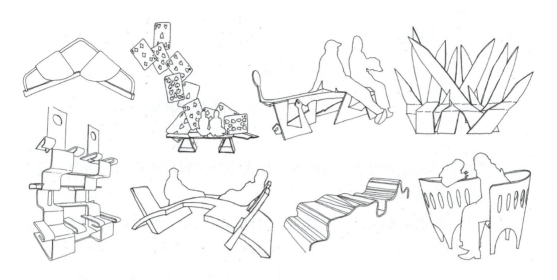

图 14 - 3　各种奇特的椅子

　　请同学们设计几款新式座椅，主题是体现一家三口人其乐融融的感情，让三口之家一看见，就想坐在上面。将可能实现的方案进一步用画笔勾勒出来。

> ✴ **本课要点：**
>
> 　　在人的一生中，总会得到来自方方面面的关爱或帮助，我们要懂得感恩，对这些关爱和帮助表达感谢。而表达感谢的方式中也充满着创造，新颖、独特的情感表达就是一副情感黏合剂，有助于增进情感。

第 15 课

墨水太少
——笑话胡同*

笑话是能引人发笑的谈话或故事或供人当做笑料的事情。笑话对于我们每个人来说是最熟悉的东西了。

老北京的街道叫胡同。北京的胡同名称包罗万象，好多胡同都是以一个较明显的形象标志来命名的，比如斜的就叫"斜街"、曲折的叫"八道湾"、短的有"一尺大街"、扁长的称"扁担"、一头细一头粗的叫"小喇叭"，还有以特殊形状命名的胡同，如"耳朵眼"胡同、"罗圈"胡同、"椅子圈"胡同等，这也表现出北京人的直爽和风趣。①

北京有的胡同可深了，弯弯曲曲，最长的可达 6.5 公里。笑话胡同就像北京最长的胡同，里面藏了好多笑话。这里是展示幽默的地方，它让你大笑，也让你的创造力得到解放，希望同学们喜欢笑话胡同里的氛围，常来逛逛。

一、笑话赏析

钓鱼

巡警："此处禁止钓鱼，罚款 20 元。"

钓鱼者："我不是在钓鱼，我在教蚯蚓游泳。"

巡警："是吗，让我看看。"

钓鱼者："你看。"

巡警："裸体游泳，罚款 50 元。"

猪的笑话

一男养一猪，特烦它，就想把它给扔了，但是此猪认得回家的路，扔了好多次都没有成功。

---

① 北京胡同 [EB/OL]．（2009 - 12 - 15）［2013 - 7 - 28］．http：//baike．baidu．com/view/164852．html．

某日，此人驾车弃猪，当晚打电话给他的妻子问："猪回去了吗?"

妻子说："回来了。"

男非常气愤，大吼道："快让它接电话，我迷路了。"

敲门

黑夜，酒鬼猛敲路灯杆。

路人问："干吗呢?"

酒鬼："敲门，可太太不给开。"

路人："你慢慢敲吧，你太太一定在家，你看上面还亮着灯呢!"

墨水太少

一次，陈毅到亲戚家过中秋节。进门就发现一本好书，便专心读起来，边读边用毛笔批点，主人几次催他去吃饭，他不去，就把糍粑和糖端到他旁边。他边读边吃，竟把糍粑伸向砚台里，蘸上墨汁直往嘴里送。亲戚们见了，捧腹大笑。他却说："吃点墨水没关系，我正觉得自己肚子里墨水太少哩!"

专家研究结果称：懂得用笑话缓解压力的人免疫系统更健康，患心肌梗死的风险更低，并且平均能比郁郁寡欢的人多活4年半。因为笑能够使缓解压力的肾上腺素得到分泌。俗话说"笑一笑，十年少!"笑可以增加肺的呼吸功能；清洁呼吸道；抒发健康的情感；消除神经的紧张；使肌肉放松；有助于散发多余的精力；驱散愁闷；减轻"社会束缚感"；有助于克服羞怯心理；笑能帮助人们适应环境，乐观地对待生活。因此科学家们建议：每天我们都应该要笑——至少15分钟。

同学们可在课堂共同讨论以下问题：

（1）除了专家讲的这些笑话的作用，你觉得笑话对我们还有哪些好处呢?

（2）这些笑话好笑吗? 好在哪? 为什么会这样?

（3）什么时候都可以说笑话吗? 什么场合不能说呢?

（4）笑话是从哪来的? 我们能编写笑话吗?

（5）笑话是怎么编写的呢? 特别是那些引我们发笑的部分运用了什么方法?

二、编写笑话的方法

笑话来源于生活，是一种经过艺术加工的语言形式，是艺术化的语言。笑话是一种艺术方法，用这种方法造成以笑为艺术目的的文学艺术作品。所以要靠日常生活的累积，要处处留意身边的事物。另外，经常读书、看笑话也会有很大的帮助。这样，生活越来越丰富，自然而然就会提高写作笑话的水平。

1．笑话的结构

几乎所有笑话都包含两个组成部分：第一个是笑话开头（例如：有一天，面包与肉包发生争执……）；第二个是笑点，是一个意想不到或是与现实完全相反的情节或关键，也是一个笑话最重要的部分，俗称"包袱"，并且这个笑点能不能让听众感到好笑，成为这个笑话能否成功的关键。①

2．编写笑话的方法

欣赏笑话时，你注意到上面这四段笑话都用了什么技巧吗？

（1）故意制造逻辑混乱。第一段笑话就是运用逻辑混乱的方法产生笑点。钓鱼者狡辩，制造逻辑混乱，说自己在教蚯蚓游泳，警察就顺着他的逻辑，说蚯蚓是裸泳。逻辑混乱往往能产生意外的效果。一般来说，我们讲话、写文章都要符合逻辑，但是笑话故意不符合逻辑，这种意外的效果，往往用来讽刺人们的不良行为和社会现象。第三段笑话是不是也运用了逻辑混乱的方法？

（2）夸张。第二段笑话是运用夸张产生笑点，把现实中的情景夸大到荒谬的程度。

夸张是造成滑稽的常用办法。如《笑林广记》里《刚执》所记：有一对父子，两人性格很执拗，平时不肯让别人。一天，父亲留客人在家吃饭，让儿子进城买肉。儿子买完后，准备出城门时，正好碰到一个人从对面过来。两个各不相让，面对面站了很久。父亲等不来孩子，就出门寻找，在城门口看见儿子后说："你快拿肉回家，我在这儿与他对站。"

（3）自嘲。第四段笑话运用自嘲产生笑点。学会自嘲后，编个笑话往往可化解窘境。幽默的最高境界，是能把自己的弱点拿来讽刺，所以编写笑话时若能运用自嘲的方式，表明心态最开放，情绪最放松，最有利于发挥创造性。

---

① 笑话的结构［EB/OL］．（2009－12－15）［2013－07－05］．http：//tieba．baidu．com/p/540720309．

练习题

1. 搜集笑话

每个学生搜集两个笑话，分析这些笑话运用了什么方法。

2. "小猫、小狗、考试、运动会"的笑话

用"小猫、小狗、考试、运动会"四个词编一段150字的笑话，要求积极健康、幽默诙谐、机智风趣。尽量运用逻辑混乱、夸张和自嘲的方法。

3. 创编笑话（课后练习）

留心日常生活，仔细回忆自己身边发生的各种事情，捕捉引人发笑的趣事细节，将这些细节进行艺术处理和想象加工后编写成笑话，越新奇、越能引人发笑越好。尽量运用逻辑混乱、夸张和自嘲的方法。

比如：

- 小时候走路的趣事。
- 吃饭的趣事。
- 起床的趣事。
- 刷牙的趣事。
- 生病、看病、打针的趣事。
- 学习成绩的趣事。
- 数数的趣事。
- 打架的趣事。
- 惹父母生气的趣事。
- 老师发脾气的趣事。
- 挨了打的趣事。
- 坐公交车、搭车的趣事。
- 买玩具的趣事。
- 看动画片的趣事。
- 与小朋友玩儿的趣事。
- 关于各种品牌的趣事。

- 关于广告语的趣事。

- 行为动作方面的趣事。

- 语言方面的趣事。

- 历史人物的趣事。

- 旅游的趣事。

- 各种运动项目方面的趣事。

- 关于小动物动作、语言方面的趣事。

......

4. 全班同学参加笑话胡同比赛，请选出你心目中的"最佳创意奖"和"最简洁描写奖"

奖项	获奖者	获奖理由
最佳创意奖		
最简洁描写奖		

❋ 本课要点：

笑话是以幽默为灵魂的引人发笑的谈话或故事，不但有益于身心健康，还能引发情感、激发想象力、启发思路、活跃思维。因此，要经常听笑话、欣赏笑话、讲笑话、创编笑话。而肯拿自己的缺点去幽默的人心态最开放，开放的心态有益于创造力的开发。

第 16 课

落叶轻舟

——情感和情节的想象

　　叶子轻轻飘落，看上去像什么？像小船吗？它为什么会落下来？是被这里的叶子抛弃了，去找其他的朋友吗？还是有朋友遇到了困难，去帮助其他的朋友去了？它的朋友又是谁呢？它落下来究竟去做什么了呢？又经历了怎样的曲折坎坷和幸福快乐呢？最后的结果又怎样呢？（见图 16－1）

图 16－1　落叶

一、落叶的故事①

　　大家好，我是一片小叶子，因为我已经长大了，所以我离开了大树妈妈的身体。

　　我飘呀飘呀，飘到了一条小溪里，这条小溪是多么的清澈、多么的干净。许多小鱼把水泼到我的身上，我和小鱼玩得多么的开心啊。突然，一只小蚂蚁走到小溪边，自言自语地说："我该怎样才能渡过小溪到对岸呢？"听着，我慢悠悠地来到了小蚂蚁的身边，对小蚂蚁说："小蚂蚁，让我来帮你渡过这条小溪吧。"小蚂蚁说："真的吗？谢谢你。你真是一片有爱心的小叶子。"

---

① 古翠媚. 小学生作文［EB/OL］.（2013－11－13）［2013－07－19］. http：//www. eduxiav. com/zuowen6/31558. html.

于是，我帮小蚂蚁渡到了小溪的对岸。小蚂蚁把我从小溪里拿了起来，对我说："小叶子，为了报答你，我带你去一个地方。"我笑眯眯地说："谢谢你。"

于是，小蚂蚁把我带到了一片树林，对我说："过不了多久，你就会变成一片耀武扬威的小叶子。"小蚂蚁对我说完以后就走了。过了不久，一群小学生来了，原来他们是为了采集标本而来到这片树林的。一位小女孩把我装进了她的塑料袋，然后，小女孩把我带回了教室，把我交给了老师。老师一看，表扬了这位小女孩。上课了，老师将我展示给每一位同学看，那个时候真是说不出的兴奋和激动。

我是一片耀武扬威的小叶子，做小叶子的感觉真好。

"落叶的故事"是古翠媚小朋友的一篇想象作文，情节细腻，充满情感，非常动人。那么，你想象中的落叶经历了怎样的故事呢？请小朋友创作一幅画，画中表达故事的一个情节？并把这个充满着曲折坎坷、幸福快乐的故事讲给大家听。回家之后再讲给父母听。

二、轻舟的故事

轻舟指轻快的小船。出自李白的诗《早发白帝城》中的诗句："两岸猿声啼不住，轻舟已过万重山。"意思是说还在欣赏两岸猴子的叫声时，诗人乘坐的小船已经渡过了很多座山。古时长江三峡，常有高猿长啸。诗人说"啼不住"，是因为他乘坐飞快的轻舟行驶在长江上，耳听两岸的猿啼声，又看见两旁的山影，猿啼声不止一处，山影也不止一处，由于舟行迅速，使得猿啼声和山影在耳目之间浑然一片，这就是李白在出三峡时感受到的猿声山影的情景。身在这如脱弦之箭、顺流直下的船上，诗人感到十分畅快和兴奋。

图 16 - 2　小船和动物

请小朋友们一起做折纸游戏，折成各种小船和动物，然后将折叠或做好的小船和动物放在一起，把这些小船连接起来，讲一个生动有趣的故事（如图 16 - 2 所示）。

练习题

1. 计算机病毒的手

以"计算机病毒的手"为题,写一个科幻故事,情节越复杂、越曲折越好。

在写作的过程中要注意以下想象中的情节和情感:

(1)想象碰到天敌时,绝望的身体姿态。

(2)想象发现朋友变成强盗时,你十分愤怒的感情。

(3)想象撒谎者被戳穿的惊慌眼神。

(4)想象犯了错误时悔恨的表情。

2. 小鱼的爱

编一个情节短剧,要用台词和动作表达一些委婉动人的情节,描述一条小鱼对大自然和对爸爸妈妈的爱。

在写作的过程中要注意以下想象中的情节和情感:

(1)想象从大自然中得到一件最新奇的东西时的惊喜感。

(2)想象听妈妈讲故事时入迷的感觉。

(3)想象第一次对父母表达你的爱心时的心情。

(4)想象做了一件对大自然有益的事情后感到最幸福的时刻。

✳ **本课要点:**

在想象中,能否出现生动曲折的情节和丰富动人的情感,也是考察想象力是否丰富的标准之一。有创造性的人具有清楚和有力的表达能力,在编写和讲故事的过程中,能将足够多的细节组织在一起,来表达自己的思想。

第17课

我家来了外星人
——幻想

浩瀚的宇宙、无数的星辰，引起人类无尽的遐想，难道只有地球上有智慧存在吗？宇宙中是否有外星人呢？（见图17-1）

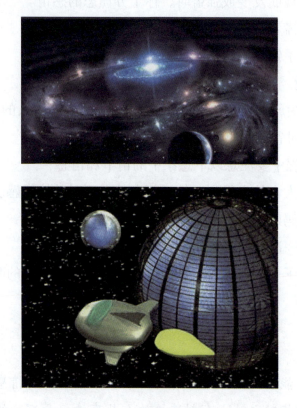

图17-1 浩瀚的宇宙

许多富有想象力的科学家、作家和画家都设想过外星人的存在。小朋友们更是对外星人充满了好奇。这些大眼睛外星人也许乘飞碟来过地球，这些身上长满刺的外星人也许是乘 UBL 号飞船访问地球。外星人是这样的吗？每个小朋友心中都有一种外星人的样子。他们不满足电影和科幻故事描写的外星人，他们想用自己的想象之手去描绘他们（见图17-2）。

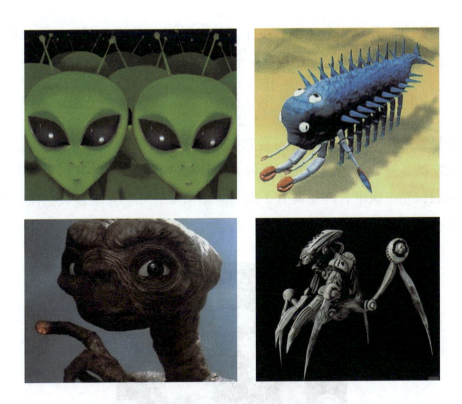

图17-2　科幻故事中的外星人

一、你家来的外星人长什么样?

请小朋友们想象:如果你家来了外星人,他长什么样?

想让爸爸妈妈知道吗?还是偷偷把他藏起来?

这是平平、毛毛和豆豆画的外星人,你喜欢吗?(见图17-3)

图17-3　平平、毛毛和豆豆画的外星人

他们家来的外星人酷不酷？见了这样的外星人，你会害怕吗？你想象的外星人是什么样的？请把它画出来。

二、外星人吃什么？

外星人吃什么东西呢？他们喜欢吃地球上的食物吗？丽丽家来的外星人最喜欢吃的是灯泡，他们会在地里种一大片灯泡（见图17－4）。每吃一个灯泡，他们就充一次电，浑身就有了力气。你家来的外星人最喜欢吃什么东西？为什么喜欢这个东西呢？

图17－4　外星人吃的灯泡

 练习题

1．和外星人说话

你会怎样和外星人说话？是不是外星人一看你的眼睛就知道你在想什么？你一摸他的手，也知道他在想什么，是吗？还是你们根本不能相互说话，要发明一个翻译棒？或者他根本就不会发声？那么，你和外星人到底是怎样说话的呢？

2．与机器生物的战争

你的计算机里隐藏着一个机器生物，它总是破坏你的工作，与你作对，因此你们之间展开了一场激烈的智慧较量。那么较量的过程和结果是怎样的呢？请将你和机器生物的故事画出来并讲给大家听。

本课要点：

　　幻想是人类最大胆的想象，幻想能超越时间和空间的局限，淋漓尽致地表达人的意愿。多读童话、科幻故事，因为童年时的幻想体验对一个人将来的突破性成就非常重要。

第 18 课

着迷的科学家
——感官利用

有个人叫"科学迷",特别善于思考。这不,"科学迷"又一次开动脑筋,提出奇思妙想了:"豆腐都是白色的,能不能变化一下呢?制成各种颜色的豆腐会怎样?比如,在豆腐里加入芹菜、胡萝卜等各色蔬菜汁,制成既营养丰富又赏心悦目的彩色豆腐一定会受到人们的欢迎。"(见图 18-1)

图 18-1　加入蔬菜汁的彩色豆腐

小朋友们一定很好奇:"科学迷"为什么会提出这样的奇思妙想呢?"科学迷"告诉小朋友们说:"利用我们的视觉、触觉、听觉、味觉、嗅觉,变化一下各种感觉的效果,也会产生奇妙的创意。"

一、利用感觉变化的奇妙创意

1. 利用视觉——颜色、形状变一变

改变钟表的色彩会怎样?钟表上一般都是用阿拉伯数字计时,如果改用 12 种色块代替阿拉伯数字作为计时标志,即使很远望上去,也能辨清现在的大致时间,比原有的阿拉伯数字要好认多了。还可以根据某些化学物质具有光敏变色特征和温敏变色特性的特点,发明出随光线和温度发生转变的变色玻璃、变色建筑物、变色包装材料、变色窗帘等,都可以收到美观实用的效果(见图 18-2、图 18-3)。

图 18 - 2　变色钟表盘　　　　　　　　图 18 - 3　变色玻璃①

2. 利用触觉和听觉——音乐化构思设计

　　平时过生日，全家人都要聚在一起，喝点酒，举杯庆祝。为了使生日聚会气氛热烈，改进一下我们常用的水杯怎么样？利用触觉尝试一下。在杯把上装上触摸开关，只要举起杯子，电子音乐就会响起，全家人和着音乐一起唱"生日快乐歌"，那该多高兴啊！（见图 18 - 4）

图 18 - 4　音乐茶杯②

3. 利用嗅觉——气味变一变

　　煤气泄露，严重威胁人们的生命和健康。由于煤气本身并没有特别的气味，所以生产煤气时加上点臭味，就能提醒人们注意。室内的问题解决了，可是室外的煤气泄露还是很难被发现。因为空气流通，有一点味儿也被风吹散了，怎么办呢？有人想到了比人嗅觉更灵敏的兀鹫（见图 18 - 5）。煤气公

　　① 新型建材——变色玻璃的原理及用途解析［EB/OL］.（2010 - 12 - 22）［2013 - 07 - 06］. http：//www. jiancai. com/info/detail/64 - 122007. html.
　　② 音乐茶杯［EB/OL］.（2009 - 02 - 04）［2013 - 07 - 06］. http：//info. gift. hc360. com/2009/02/04082941134. html.

司喂了几支兀鹫，它们整天在城市上空盘旋。兀鹫对腐肉的气味最敏感，在生产煤气时，加上一点腐肉味，哪的管道泄漏煤气，兀鹫就落在哪儿，工作人员随后就重点检查这里的煤气管道，保证了城市的安全。

图18-5　城市卫士——兀鹫

4. 利用味觉——味道变一变

船底的藤壶常常影响船的行驶。怎样才能清除它们呢？科学家们寻找着办法。用杀虫剂清除它们吧，杀虫剂有毒，会污染海洋。后来，科学家想出用辣椒赶走藤壶的主意。他们把一面涂满红辣椒的瓷硅扔进了藤壶最猖獗的码头，结果涂了红辣椒的一面什么也没长，没涂的那面却长了很多藤壶。于是科学家有了一项清除藤壶的新发明——用红辣椒做成船底涂料，并把它命名为"藤壶咒"。

像这样，小朋友们经常做改一改、变一变的练习，就可以让每天的思维都活跃起来。

二、利用气味抓坏蛋

美洲有一种长得很像野猪的动物，名叫西貒（"貌"的左偏旁，加上"湍"的右半边，音 tuān），它有个退敌绝招，它的背腺能分泌一种恶臭的液体，动物们往往闻臭而逃（见图18-6）。你能利用这种动物的退敌绝招，想出抓坏蛋的好办法吗？你想到的气味是：

图18-6　美洲西貒

(1) ＿＿＿＿＿＿＿＿＿＿＿＿＿＿

(2) ＿＿＿＿＿＿＿＿＿＿＿＿＿＿

(3) ＿＿＿＿＿＿＿＿＿＿＿＿＿＿

(4) ＿＿＿＿＿＿＿＿＿＿＿＿＿＿

(5) ＿＿＿＿＿＿＿＿＿＿＿＿＿＿

如何利用你想到的气味来抓坏蛋呢？

(1) ＿＿＿＿＿＿＿＿＿＿＿＿＿＿

（2）_____

（3）_____

（4）_____

（5）_____

 练习题

1. 预报天气的秃头和尚

日本有一种能预报天气的玩具——秃头和尚。它的身上涂了一层药水，晴天时，它是蓝的，当它变成粉红色时就告诉你"明天下雨"。这实际根据的是某些化学物质具有湿敏变色和光敏变色的特点，利用这种随光线或湿度发生转变的特殊性质，你还能产生哪些新的设想呢？

2. 医院里的新鲜事

一家新医院建成了，医院里出现了很多新鲜事儿。为什么会这样呢？请你猜猜看。

（1）从声音方面猜：

• 为什么小孩不怕钻牙？

• 为什么大家都喜欢往垃圾箱扔东西？

• 为什么小孩不怕打针？

（2）从味道方面猜：

• 为什么小朋友感冒不怕吃药？

• 为什么小朋友不会误吃大人的药？

✴ **本课要点：**

许多创造都是在原有事物的基础上进行改造，使之从外观上、结构上、材料上、功能上更美观、更廉价、更实用、更方便。改变可以从方法上考虑，也可以从形态上或从感觉上考虑。在我们日常生活中有许多从五种感觉的变化角度去改一改、变一变的发明。

第 19 课

真正的好朋友
——组合

假如你有一个好朋友——小狗（见图19-1），你经常和它在一起，那么你能和它一起去做些什么呢？比如，去打猎时，它负责寻找猎物，你负责打猎物。

图 19-1　小狗

给事物找一个或一些朋友，它们结合在一起会完成新的任务，这就是组合。组合能完成新任务，就是因为两种不同的功能结合在一起了。真正的好朋友，两个功能相加会实现"1+1＞2"的效果。

有时候，把一些看似不相关的事物组合在一起，会得到意外的创意。

一、给奶嘴找新朋友

小宝宝都不喜欢用一般的体温计测量体温，而奶嘴是小宝宝的好朋友，那么让体温计和奶嘴成为好朋友来测量小宝宝的体温行不行呢？（见图19-2）

你能不能用组合的方法设计出一款为小宝宝测量体温的体温计呢？

你的设想：

（1）＿＿＿＿＿＿＿＿＿＿＿＿＿＿＿＿＿＿＿＿＿＿＿＿＿＿＿

（2）＿＿＿＿＿＿＿＿＿＿＿＿＿＿＿＿＿＿＿＿＿＿＿＿＿＿＿

（3）＿＿＿＿＿＿＿＿＿＿＿＿＿＿＿＿＿＿＿＿＿＿＿＿＿＿＿

图 19 - 2　宝宝的体温计

二、如何不让好朋友分开

　　暖瓶和杯子是一对好朋友，却经常被主人分开，所以它们很伤心。你能不能想些办法，让暖瓶和杯子经常在一起呢？请画出设计图（见图 19 - 3）。

图 19 - 3　暖瓶和杯子

三、组合事物的游戏

请在下面的事物中挑选一个，通过组合创造新产品。

听诊器　　扫帚　　椅子　　眼镜　　笔　　鞋子

把你的设想写在下面：

(1) _____

(2) _____

(3) _____

(4) _____

(5) _____

(6) _____

(7) _____

(8) _____

(9) _____

(10) _____

 练习题

1. 给竹帘找朋友

竹帘能挡住苍蝇、蚊子，又透风，是夏天常用的东西，但有时与门框不能紧密贴合，苍蝇、蚊子容易乘虚而入。你能用组合事物的办法来解决这个问题吗？怎样解决呢？可考虑用图 19 - 4 所示的物品。

2. 给皮带找朋友

皮带上最好加上什么，能有利于人的身体健康？

  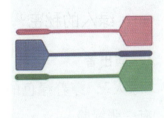

图 19 – 4 各种常用物品

☀ **本课要点：**

组合，就像找朋友一样神奇。将事物重新组合，就会产生不同的效果，由此可以引发创造发明。请注意，新的事物应具有独特性和新颖性，功能应得到加强。

第 20 课

创造性戏剧
——未来环境*

同学们，你们想象过未来的环境是什么样的吗？下面让我们通过创作一个戏剧，来表达对未来环境的想象。

一、绿人的秘密①

1. 演出者

"绿人"，穿着绿色的连身工作服，脚踏绿靴子，头上戴草帽，戴绿手套，有一张绿脸。

"垃圾虫"，穿着蓝色的连身工作服，有一张蓝脸，一大堆乱七八糟的东西附在他身上。

一位未来人，服装很简洁，但是很新奇。

10 位小朋友。

2. 地点

城市中为自然教室设计的公园内。这个公园有各种动植物的栖息地，包括一个大水池、新生的小区、旧林区、野花、草地和一堆由枯叶和剪下的草叶组成的大肥堆，这个肥堆上的叶子自然腐烂后，将作为公园土壤的肥料。

3. 剧前布置

"绿人"和"垃圾虫"需藏身在旧林区里。在藏身之前，"垃圾虫"先布置一条短短的垃圾小径，以便引导小朋友到他的藏身处。"绿人"则把一个"观虫盒"藏在肥堆里。另外有几张写着自然谜题的卡片巧妙地放在旧林区中。舞台布置好了，只等小朋友们到来。

---

① 这是英国的一个自然公园设计的生态剧，这出戏是由提拇·考克斯和保罗·威尔设计的，"雷西斯特尔野生动植物计划"教育组采用了它，并公演了这出剧。此剧在编入本书中略作修改。

4. 剧情

一位未来人遇到了小朋友们，欢迎他们来到这个特别的自然公园，他说："这个地方是'绿人'的家，他本来有很多地方可住，可是因为'垃圾虫'的破坏，现在只剩几个地方可以住了。现在他的敌人'垃圾虫'已经追踪到这里，看看我们能不能帮助'绿人'抓到这个'垃圾虫'？"

然后这位未来人提出第一道谜题，要孩子们猜出他们的行进方向。

"绿人住在这里，柳树是他的床。"孩子们猜出来了，他们沿着小径进入大树林里找柳树。果然，那儿有一棵大柳树，部分枝干沿地面而生，确实可以做一张床。

一位眼尖的小朋友立刻发现了藏在柳树上的谜题卡片，让人读出上面的字，大家循此线索往小径深处走去。经过几道谜题后，他们已经穿越了这个树林，看到了五种不同的自然现象，根据最后一条线索，他们来到了垃圾小径的起点。

他们听到很大的噪音，好像有人在打架，小朋友被警告要团结在一起，并且沿着垃圾小径往前走。他们一边走，一边捡起地上的垃圾，放到垃圾袋中。突然"垃圾虫"跳到他们面前，一面发出可怕的叫声，一面沿着垃圾小径往前跑。

"抓他！抓他！"大人叫着，小朋友开始欢快地追逐起来，最后经过一番挣扎，"垃圾虫"的双手被绑在一起（不要太粗鲁），"垃圾虫"答应改变他的坏习惯，并且帮忙捡起所有他藏身处以外的垃圾。

然后小朋友和大人一起高喊"绿人出来！看我们抓到什么？"他们高呼"绿人！"声音不够大，必须再试一次。"绿人！"声音还是不够大，再来一次。"绿人！"啊！令人印象深刻的"绿人"从林子里现身了。改过自新的"垃圾虫"也加入了这个团体。

"绿人"带每个人穿过公园寻找他的"秘密"，最后他站在肥堆的顶端，向小朋友发表演说，解释组成肥堆的枯叶和草如何制造新生命，说着说着，"绿人"从肥堆顶上捡起一丛新生的绿草，并在肥堆中掘出"观虫盒"给孩子们看。由于肥堆里非常温暖、潮湿，吸引了昆虫、蜘蛛、蠕动的小虫和青蛙等，所以肥堆实在是摆"观虫盒"的最佳场所。

末了，"绿人"带小朋友到水池边玩"水中生物"的游戏，他说："这是生命之池，水中充满各种生物，它能提供给公园里所有的动物和鸟类们享用。"

5．拓展活动：创作剧本和表演

（1）请同学们补充剧中对话和谜题。

（2）请改写结尾，加上对未来环境的想象，编写一部完整的剧本。

（3）以小组为单位表演《绿人的秘密》。

二、未来环境想象

未来离我们并不遥远，有想象才有希望，有行动才有未来。

未来我们生存的星球是什么样的？

未来的中国是什么样的？

未来的天空？

未来的水？

未来的植物和动物？

未来的建筑物？

未来的城市？

……

都会是什么样呢？

如果要实现我们的理想，不仅要有对未来环境的想象，还要拿出我们的行动。我们能做什么？

同学们，请你想一想，如何着手从减量（Reduce）、重复使用（Reuse）、回收（Recycle）、再修补（Repair）以及拒绝使用（Refuse）无环保概念的产品等5R原则来推动环保，减少垃圾或废弃物的数量呢？

1．下面哪些是自己力所能及却尚未实行的爱护环境的行动

（1）自备餐具，拒绝使用一次性碗筷。

（2）节约用水，重复利用洗澡水、洗米水。

（3）换装节水型水龙头、节水马桶。

（4）自备购物袋以减少塑料袋的使用。

（5）复印纸的背面利用、海报月历纸的再利用。

（6）收集可回收资源，如纸类、金属类、塑料类、玻璃类，送至固定回收地点。

（7）剩菜打包，减少厨余。

（8）多使用公共交通工具。

2. 你认为自己还可以如何做来保护环境

（1）_____

（2）_____

（3）_____

（4）_____

 练习题

1. 有关树的课题（课后练习，可任选其一）

（1）树有多重要，你知道吗？树不但提供给人们很多材料和食物，树对整个生态环境的作用不可忽视。请查阅资料，写一篇有关《树的作用》的小论文。

（2）以树的形状创作艺术品会是迷人的焦点。可做树皮拓片、树叶拓片，或用种子和坚果制作美术拼图。

（3）运用三角来计算学校一棵树的高度，用几何方法来计算树干的体积或横截面积。

（4）观察一棵被砍倒的树，计算树根的年轮便可知道树木的年龄，然后你可以查找资料，看看在那棵树的生命当中，历史上曾经发生过什么事。

2.《绿人的秘密》比赛

全班同学参加创造性戏剧《绿人的秘密》比赛，请选出你心目中的"最佳剧本奖"和"最佳表演奖"。

奖项	获奖者	获奖理由
最佳剧本奖		
最佳表演奖		

第21课

今天我最高兴
——情感控制与合作

我叫诸葛西西，是育英才小学六年级的小朋友，今年12岁。在我的记忆中，我觉得今天我最高兴，这源于和我们班的一名同学一起制作飞机模型而获得一等奖的事（见图21-1）。

图21-1　放飞理想①

我们班的这名同学叫欧阳瓜瓜，非常淘气，平时净做些调皮捣蛋、惹人烦的事，不是弄哭了这个，就是被那个报告了老师……总之，同学们见了他都躲得远远的，大家都不爱和他一起玩耍，也不愿意和他在一组做活动。

可是，在一次参加飞机模型制作比赛中，我和他被分到了一组，我心里十分不高兴。这时，我无意中看到了欧阳瓜瓜的作文——《这就是我》。

"人们认为我是个坏孩子，行为不好，但我确确实实不想做个坏孩子。我只是不知道还有没有其他引起别人注意的方式。我知道，有时我让人讨厌，但至少这样他们会知道我的存在，知道我就在他们身边。如果我的老师、同学能看我一眼并试图了解我的问题……可是，他们没有这样做，他们总是高

---

① http：//www．gxhz．gov．cn/E_ReadNews．asp？NewsId=24655．

83

声尖叫，说我讨厌。我就是这个样子。"

原来他也不想做一个令人讨厌的人，只是不知道如何与大家相处。我开始主动、热情地与他一起研究和制作飞机模型。接下来，欧阳瓜瓜同学的表现大大出乎我的意料，在研究和制作飞机模型的过程中，他提出了许多有价值的好创意，他的动手能力很强，解决了许多关键的制作难题。我们这次的飞机模型制作不仅在学校取得了第一名的好成绩，而且被选送到市里参加比赛，还获得了一等奖。

我心里非常高兴，这一方面是因为飞机模型制作比赛取得了好成绩，更重要的是因为通过与欧阳瓜瓜良好的合作，我收获了友谊，增加了好朋友。而且，欧阳瓜瓜同学自此之后变了，不再惹人烦，好朋友也逐渐多了起来。

听了诸葛西西和欧阳瓜瓜的故事，你有哪些启示呢？请你说一说。

其实，诸葛西西和欧阳瓜瓜的故事告诉我们：热情、积极的情感制造了一种轻松友好的氛围，让他人感到在这种环境中不拘谨，能释放真情，促进合作，而消极的情感，如厌恶、愤怒、嫉妒等却让人感到紧张、压抑，会抑制和毁灭合作。

所以，我们在与他人合作的时候一定要注意控制自己的情感，把情感调整到积极的状态下，创造良好的氛围，当我们情绪饱满、满腔热情时，好的合作就会到来。

一、你是我的好朋友

全班小朋友站到过道上，两人一组，面对面地站好：

第一，向自己曾经在情感上伤害过的对方同学表达真诚的歉意，并表明今后不再伤害对方，争取做好朋友。

第二，向曾经对自己有过帮助的对方同学表示衷心的感谢，并表明今后永远做好朋友，相互激励。

第三，如果双方之间既没有过伤害，也没有过帮助，那就相互表明从现在开始做好朋友，今后相互帮助。

重新分组，继续进行找朋友的游戏。

二、一起想主意

有家工厂的一大片空地上长满了杂草，他们想了许多办法来除掉它，比如：组织人来拔，太费人力；雇用割草机来割，太费钱；用除草剂，有污染。以小组为单位，一起讨论，用什么便捷的方法来治理这块空地呢？

每个小组抽出一人做观察员，讨论中不发言，专门观察小组的讨论。

讨论20分钟后，请同学自我考察在讨论过程中自己是否有如下的行为特点：

（1）能倾听别人把话说完，而不插嘴。

（2）能欣赏一个同学有些不完善的意见。

（3）用尖刻的语言讽刺与自己意见不同的人。

（4）别人批评你的设想很糟糕，很受打击，不再发言。

（5）愿意把自己的想法与别人的想法合并在一起，取长补短，形成一个更佳的方案。

小组观察员的观察与同学自我观察是否一致？

小朋友们在一起玩的时候，是不是相互之间经常毫无顾忌地批评和嘲笑啊。这时候，即使被批评、被嘲笑的孩子一时不高兴，过一会儿也就玩忘了。其实，这都是小朋友们宽容天性的自然流露。

不过我们不能满足于自己仅凭天性去处理与伙伴们的关系。特别是在集体讨论问题时，在提出创造性设想的初期，不要过早地下结论或嘲笑别人。说什么"这主意太糟了！""这个想法太笨了！"等。这样的情景和氛围，容易让人不敢大胆地说出自己的想法。所以，集体创造性解决问题的时候需要积极的情绪和良好的合作心态。

 练习题

1. 看图标颜色

情绪和情感往往会在面部表情中体现出来，如下面的表情：高兴、愤怒、恐惧、害羞、悲哀、生气、敌视、紧张。请用红色、黄色、绿色、紫色、灰色、白色、咖啡色、淡蓝色来对应每一种表情，并说一说为什么这样对应（见图21－2）。

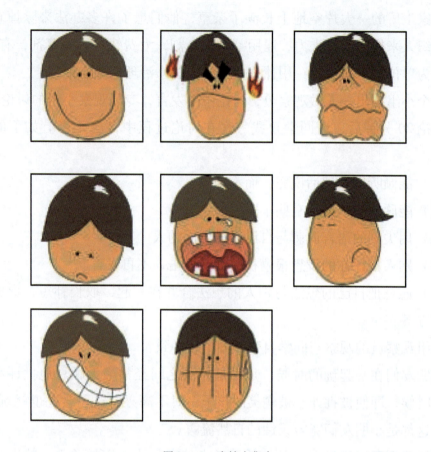

图21－2　表情大集合

2.　养成练习

在养成以下良好的生活习惯中学会自我控制：

（1）在最想睡觉的时候，发现没刷牙，一定要刷完牙再睡。

（2）在最饿的时候，也要洗手后才吃饭。

（3）在最疲倦的时候，也不能把脱下的脏衣服扔一地，必须放到洗衣机里再休息。

（4）坚持在吃饭半小时之前不吃零食。

（5）在最想吃冰淇淋的时候，为别人留下几勺。

（6）在最想玩的时候，先做一件家务。

（7）在最想看电视的时候，先背五个单词。

（8）在想买一件最喜欢的玩具时，想到把买玩具的钱捐赠给需要的人。

（9）在看见别人有一件令人羡慕的东西，产生自己也想买一件的想法时，冷静下来问自己是否真的需要它。

（10）在生气的时候，克制自己想出口伤人的冲动。

（11）在遇到不顺心的事情时，不拿朋友撒气。

（12）在争论的时候，耐心听完对方的话。

✴ **本课要点：**

注意调整心态和控制自己的情感，可以促进同学之间的交流与合作。抱着热情积极的感情和宽容开放的心态对待同学，会让大家轻松愉快地度过学校的每一天，发明创造也需要这样宽松的氛围。

第 22 课

靴子里的刺猬
——宽容与幽默

碰到一些不开心的事情或面对自己的弱点，你是怎样对待自己的？如果看见他人处在尴尬的情境，你又是如何对待他人的？

一、孟德尔的刺猬

著名科学家孟德尔曾在本地的中学当代课老师，孩子们都喜欢他。他给孩子讲自己的趣事：有一天晚上，当他睡着了的时候，他喜欢的一只刺猬爬进了他的一只高筒靴里。"想一想，当我第二天一早穿靴时，我是怎样的大吃一惊。我的大脚趾就像踏在成千根针上一样。"他拿自己事儿开心的幽默感，吸引了孩子们的心。他的班上始终洋溢着宽松欢乐的气氛。他对所有的孩子都一视同仁，没有偏袒，聪明的和不聪明的孩子都受到鼓励，他没有忘记自己过去考试失败的痛苦，很少给孩子不及格，如果有人实在跟不上，他就把掉队的孩子叫到修道院来，亲自辅导，不收学费（见图 22 – 1）。

图 22 – 1　孟德尔与刺猬

小朋友，仔细体会孟德尔的故事，再想一想自己的学习生活经历，你有哪些感想呢？

88

二、顺口溜带来的友谊

美国小姑娘默特尔放学回家，一头扑在妈妈的怀里放声大哭（仿佛图22-2中的小姑娘）。原来班里有个调皮鬼编了一段令人不愉快的顺口溜取笑她，因为顺口溜十分押韵，好多同学都跟着念。怎么才能抹掉默特尔与同学关系中的不快呢。妈妈想出了一个好主意，"让我们做杂豆儿"。用巧克力、奶油与果仁做成的杂豆儿香极了。第二天，小姑娘带着杂豆儿上学了。老师找了一个适当的机会，让同学们分享杂豆儿，同学们站成排，他们说一句："默特尔，默特尔，请给我一份杂豆儿。"默特尔就铲起一块杂豆儿放在他们的餐巾纸上，说："我是你的朋友默特尔，这是你的杂豆儿。"从那以后，原来的那段顺口溜不见了，她到处能听到的是"给我一块杂豆儿"的善意玩笑，她和同学们都成了好朋友。默特尔的母亲用宽容和幽默教会了女儿如何与人相处，这是她一生受用不完的宝贵财富。今后，友谊和宽容将伴随她事业上的成功。

图22-2 哭泣的小姑娘

宽容是一种精神，承认自己的弱点和缺陷，并以同样的心态对待别人的弱点和缺陷。仅仅宽容还不能最佳地解决默特尔的问题，这个故事中最精彩的一笔是默特尔妈妈的创意，用善意的幽默代替恶意的幽默。

如果让我们处理同样的问题，我们会出什么主意呢？

正在小学读书的小琪被一个调皮鬼起了一个外号叫"小狗汪汪"，她伤心地哭了。如果你是小琪，你怎么办呢？

如果去告诉老师，让老师批评他，会怎么样？

（1）直接结果：＿＿＿＿＿＿＿＿＿＿＿＿＿＿＿＿＿＿＿＿＿＿＿＿＿

（2）长远结果：＿＿＿＿＿＿＿＿＿＿＿＿＿＿＿＿＿＿＿＿＿＿＿＿＿

如果给那个调皮鬼编一段讽刺他的顺口溜，会怎么样？

（1）直接结果：＿＿＿＿＿＿＿＿＿＿＿＿＿＿＿＿＿＿＿＿＿＿＿＿＿

（2）长远结果：＿＿＿＿＿＿＿＿＿＿＿＿＿＿＿＿＿＿＿＿＿＿＿＿＿

如果不理那个男孩，会怎么样？

（1）直接结果：_____

（2）长远结果：_____

请你为小琪想一个更好的办法。答案要充满宽容，越幽默有趣、越奇特、新颖越好。

_____

_____

 练习题

1. 到青蛙的生活中去

青蛙的发育过程是怎样的？卵→小蝌蚪（蝌蚪最开始没有腿，只有一个尾巴）→长出两条后腿→长出前腿→尾巴慢慢退化→青蛙。

根据青蛙的发育过程，写一篇 100 字小作文，主题是描写当青蛙还是小蝌蚪的时候，又黑又丑，却能用幽默的方式化解别人的嘲笑，终于成长为一只健康、有爱心的青蛙。

2. 拥挤的后果

参照图 22-3，编写幽默对话。

图 22-3 拥挤的公共汽车

场景：在拥挤的公共汽车上。

描写你自己是什么样的，幽默一下自己。

甲：我们那儿的公共汽车太挤了。

乙：我们那儿的公共汽车比你们这儿还要挤。

甲：_____

乙：_____

甲：_____

乙：_____

……

（可在下一次课上交流，评出富有幽默感的作品。）

✸ **本课要点：**

　　宽容就是一种精神，承认自己的弱点和缺陷，并以同样的心态对待别人的弱点和缺陷。幽默是智慧与想象力的结晶；幽默可以活跃思维，激发想象力；幽默是产生创造力的直接源泉。

第 23 课

小碗·蘑菇·帽子

——不寻常的想象角度

　　妈妈给亮亮买来一只红色带白点的塑料小碗，像一只漂亮的蘑菇。亮亮看着小碗，产生了一个念头：把小碗扣过来是什么样儿？等到碗里的饭吃完了，亮亮把小碗儿扣在头上，心里别提多得意了。在亮亮眼里，小碗儿也能当帽子。不要怪亮亮，要知道，我们的祖先可能就是从蘑菇受到启发，发明了伞和帽子呢（见图 23 - 1）。

图 23 - 1　小碗、帽子、蘑菇

听了这个故事，小朋友们如何评价亮亮呢？

一、多种角度的想象

1. 想象画

画一只小猪，要求从多种不同的角度、方位、表情来画，并给每幅画取个有趣幽默的名字。

比如别的孩子都从正面画或侧面画，亮亮却画了一只四脚朝天的小猪，与漫画家的构思不谋而合（见图 23 - 2、图 23 - 3）。

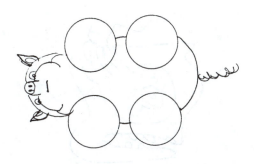

图 23 - 2 亮亮画的四脚朝天的小猪　　　图 23 - 3 漫画家创作的《自我享受的小猪》

2. 蝴蝶飞呀飞

用白纸做手工：做一副粘有蝴蝶图案的手套。

很多人习惯将蝴蝶的正面画在手套上，你能充分展开想象，想象侧面看到的蝴蝶、展翅飞舞的蝴蝶吗？还有什么角度看到的蝴蝶？

把作品拿到班级上展示（可参考图 23 - 4）。

图 23 - 4 各种形态的蝴蝶

二、看不见的故事

你观察过蚂蚁窝吗？你知道蚂蚁窝的内部是什么样吗？如果没有观察过，你能凭想象画出蚂蚁窝里面是什么样的吗？（参见图 23 - 5、图 23 - 6）

你能想象出一个死记硬背的小学生大脑里灌进了什么？

图 23 - 5　大虫考查蚂蚁窝

图 23 - 6　灌满墨水的大脑

下面，请同学们发挥想象力，想象一些事物内部是什么样的。

（1）想象一部洗衣机内部的衣服在欢笑："我变干净了!"把它们画出来。

（2）想象土壤里一个发芽的豆芽说："我要去见阳光。"把它画出来。

（3）想象半透明的毛毛虫的内部器官说："我饿死了!""我撑死了!"把它画出来（参考图 23 - 7）。

图 23 - 7　毛毛虫

 练习题

1. 老鼠搬家

编讲故事：想象黑暗的老鼠洞里发生了什么故事，并讲给大家听。

2. 我是生气的鸵鸟（课后练习）

到动物园观察动物，注意从不同的角度看动物会有什么变化。例如，鸵鸟弯下身子吃东西是什么样儿? 鸵鸟生气，蓄势待发要冲向人群是什么样儿?

你从高处看鸵鸟是什么样儿？你蹲下来，从下面看鸵鸟又是什么样儿？画出不同角度的鸵鸟。

第 24 课

逛街的鱼
——动觉型的想象

俗话说"鱼儿离不开水，瓜儿离不开秧"。鱼都生活在水中，你能想象离开水的鱼在大街上行走吗？这应该是多么荒唐的一幅画面呀！

请同学们想象一下，逛街的鱼是什么样的？它走路是什么姿态？

图 24-1 是用纸折的鱼，它能长时间行走吗？你的鱼是如何行走的？

图 24-1　用纸折的鱼

一、动感的想象游戏

1. 飘浮的宝宝

想象自己浮在天花板上，如果想象不出来，可以先想象一个气球浮在天花板上，再将气球换成任何事物，如一只小象（见图 24-2），最后变成自己浮在天花板上。

图 24-2　浮在天花板上的小象

2. 变身舞

想象小树怎样跳舞？想象一只蝴蝶怎样跳舞？想象蜗牛又怎样跳舞呢？根据想象自由起舞，然后小朋友猜一猜，你是小树？小蜗牛？还是小蝴蝶？（参考图 24 - 3）

图 24 - 3　蝴蝶和蜗牛

小朋友，通过以上的游戏活动，你有哪些体会和收获呢？

（1）_____

（2）_____

（3）_____

（4）_____

（5）_____

其实，充分地想象各种身体活动，它不仅让我们的感觉器官和运动协调起来，增强了运动感觉的功能，还能促进观察力和思维能力的发展，可使你想象得更有感染力。还可以想象各种事物的运动过程和细节，甚至扮演这些事物，这是非常有趣的虚拟体验过程，对发展想象力特别有意义。让我们经常做这样的练习吧！

二、恐龙来访

小的时候，物理学家费曼经常坐在爸爸的膝上听他读《大英百科全书》。一次念到恐龙，书中说："恐龙高 6 米，头有 1.5 米宽。"爸爸停下来说："让我们想象一下这是什么意思。要是咱们家房子对面走来了一只恐龙，它的脑袋凑着咱们家这两层楼的窗户，想把脑袋伸进窗户去吃你，可是它吃不着，因为它的脑袋伸不进窗户，因为它的脑袋比窗户还宽呢（见图 24 - 4）。"他总是这样把难懂的数字翻译成形象化的情景，动感十足。

图 24 - 4 恐龙来访

你也能把抽象的数学题变成想象游戏吗?

想象自己的身体变得很小很小,和蚂蚁一样,要搬运比自己身体重 10 倍的果子,你会摔倒吗? 果子运到了洞口? 你会钻洞吗? 蚂蚁家族会收留你吗? 请编一道数学题,讲给大家听。

据力学家测定,一只蚂蚁能够举起超过自身体重 10 倍的东西,还能够拖运超过自身体重 20 倍的物体,是真正的大力士! (为什么蚂蚁会有这么大的力气,可以去查阅相关图书) 一位小朋友的题是这样编的:

"假设你变成了蚂蚁,要搬运比自己身体重 8 倍的果子,一天要搬 35 趟,那么,全天搬的果子是你的身体重量的多少倍? 如果你变回原来的样子,你在蚂蚁家族中练成了和蚂蚁一样的大力士,那么,按照可搬运自身体重(按个人的体重计算) 8 倍重物的力气,同样搬 35 趟,你一天一共可搬运多重的东西呢?"

请你也编一道有趣的数学题,先让你的同桌欣赏你的故事,再让你的同桌做这道题。

 练习题

1. 想象画

想象自己是一张正在计算机中转动的光盘,匀速前进,突然卡住、缠绕、身体被弄痛、揪紧。仔细体会这种移动的感觉和变化,然后画出运动中的光盘。

2．想象小作文

想象自己是一条小船，在波涛中跌宕起伏，在旋涡中旋转，在岸边静止，在海面快速前进。突然碰到一块礁石，小船几乎被碰翻，在碰撞中改变方向，又被急流冲回原来的方向，写出小船在水中几度挣扎、奋勇直前的感觉（见图 24 – 5）。

图 24 – 5　我是小船

✳ **本课要点：**

充分地想象各种身体活动和各种事物的运动过程及其细节，不仅非常有趣，还能让我们的感觉器官和运动协调起来，促进观察力和思维能力的发展。这些能力将在艺术和科技创造中发挥着重要的作用。

第 25 课

大力士与秋千
——漫画博物馆*

　　漫画是一种艺术形式，是用简单而夸张的手法来描绘生活或时事的图画。一般运用变形、暗示等方法，构成幽默诙谐的画面或画面组，以取得讽刺或歌颂的效果。通过这节课的学习，同学们会掌握欣赏漫画的心态、创作漫画的技巧。如果你愿意，或许将来还会成为一名漫画幽默大师。

一、欣赏漫画，寻找幽默

　　同学们为什么喜欢看漫画呢？看了这幅漫画（见图 25 – 1），你是否觉得画面表现的内容很有趣呢？你笑了吗？你一定觉得这幅漫画很滑稽，这也就是漫画的特征——以画画的方式来表达幽默。

图 25 – 1　大力士与秋千

　　仔细欣赏图 25 – 2、图 25 – 3、图 25 – 4 所示的几幅漫画作品，你能找到它们的幽默之处吗？漫画讲了怎样的一个故事或者情节？哪个地方是最好笑的？它们的幽默表达得充分吗？将你看到的漫画分享给你的同学们，可以讲一讲你觉得的好笑之处，并互相分享一下体会和感受。

图25-2　老鼠玩电脑图

图25-3　聪明的鱼

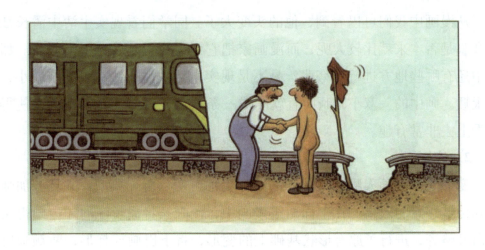

图25-4　救车

欣赏了这几幅漫画，你能分析漫画创作者的创意是什么吗？他们用了什么创作手法来展现创意呢？

二、创造漫画

同学们可能一下就能认出图25-5所示的这两幅漫画画的是小品演员潘长江吧。我们先来看看漫画家是如何表现人物的。

图 25 – 5　人物漫画

1．夸张

从漫画中我们可以看到，他的头变大了。同学们看现实生活中潘长江的头和脸是否本来就比较大呢，而漫画家把它画得更大了，这就是夸张。那么画中还有哪些地方进行了夸张？是不是现实生活中潘长江本来眼睛就小，个子很矮。画中的一双小眼睛简直就眯成一条线了，身体变得很小，这使得画面看上去非常有趣。

2．变形

变形能使漫画人物或者动物的特征更加鲜明、更加典型，并具有加强叙事和传情达意的效果。在上面两组漫画中，漫画家将潘长江的牙齿画得又大又白又整齐，进行了原有形状基础上的变形，将下巴画成梯形，两颊画成三角形，漫画家主要抓住潘长江的面部特征进行变形。

3．丰富表情

在漫画上添加丰富的表情会让漫画人物更加生动。我们一起去看看张乐平大师画的三毛漫画像（见图 25 – 6）。仔细瞧，这么多三毛漫画像，他们的每个表情都是不一样的，有伤心的、有开心的、有惊讶的、有愤怒的。如果你能表现出来，相信你的漫画也会非常生动。所以，抓住人物的面部特征来表现丰富的表情是漫画的一种表现方法。

4．抓特征

除了上面谈到的夸张、变形以及丰富的表情之外，漫画还有另一种表现

图 25 - 6 张乐平画的三毛

方法，就是抓住人物的特征，如外貌、兴趣爱好。同学们可以猜一猜，图25 - 7所示的这位漫画人物有什么兴趣爱好呢？

漫画家根据他的兴趣爱好把五官和脸形变成数字的形状，使整个头像更加夸张。可以看出漫画家表现的是个数学家。

同样，如果我们画文学家或者文学爱好者，也可以将鼻子画成一支钢笔，头发画成书，表达他有看书写字的爱好，可以通过抓住人物的这个爱好，把他的头部进行夸张。再比如画音乐家时，可以将头发画成五线谱，将眼睛和鼻子组成一个高音音符，耳朵则是低音音符。再比如画一个平时特别喜欢吃零食的小朋友，可以将汉堡、棒棒糖、冰激凌、薯片等都画在肖像中，再画一个圆滚滚的胖身子。如果让你来画，你会用什么方法来表现呢？你会画谁？为什么？同学们可以选择以上方法进行表现。

所以，在这类漫画中我们可以看出漫画家还可以根据人物的兴趣爱好进行描绘与表达，让漫

图 25 - 7 漫画——数学家

103

画在内容上显得更加幽默有趣！

 练习题

1. 欣赏漫画

图25-8、图25-9是德国幽默大师埃·奥·卜劳恩创作的连环漫画《父与子》中的几幅。请同学们仔细欣赏，并体会其中的故事情节、表达幽默的方式以及创作手法。

图25-8　新发明

图 25 – 9　一本引人入胜的书

2．以"我的趣事"为题创作漫画

请同学们自己动手画一画，将你经历过的有趣的事情，画成一幅系列漫画，不要忘记使用夸张、变形、丰富的表情等漫画表现方法。完成后可以向同学们介绍一下你是怎么来表现这幅漫画的，你画里表现的是什么事，抓住哪种方法来表现，为什么用这种方法，人物的特征有哪些等。

不太擅长画画的同学也没有关系，请不要在乎画画的技巧，重要的是体现你漫画所想表达的思想和精神。看看通过本节课的学习，你是否已经学会了欣赏与创作漫画，把你创作的漫画拿到班上来交流，评选班上最优的漫画。

3．漫画比赛

全班同学参加"漫画博物馆"比赛，请选出你心目中的"最佳创意奖"和"最佳绘画奖"。

奖项	获奖者	获奖理由
最佳创意奖		
最佳绘画奖		

第 26 课

空心积木
——加一加和减一减

很多同学小时候都玩过积木？可是你想过给积木增加点什么，使你玩起来更愉快吗？

一、空心积木——加一加

在 1992 年北京国际发明展览会上，厦门市一位中学生展出了自己发明的奇特积木。看外形和普通积木完全一样，但全都是空心的，里面装着可以流动的沙子。沙粒在里面可以倒来倒去，随意改变重心。由于它的几何中心和物理重心不重合，因此可以堆叠出许许多多看上去不可思议、变化万千的空间造型。于是，一件普通而古老的玩具被赋予了新的生命，成为一种极能引发人们好奇的现代玩具（见图 26－1）。像这样，在事物原有的基础上加上一些东西，可以从添加、增加、附加或叠加等角度考虑，看看会有什么新变化、产生什么新效果的思考方法，运用的就是"增加法"。

图 26－1　有趣的积木

"增加法"是同学们极易掌握的一种发明方法。如图26-2所示，能量腰围的裤带，在裤带上加上刻度、尺寸，我们用裤带就可以知道自己的腰围了。

图26-2　能量腰围的裤带

如图26-3所示的是"会走的台球桌"，把台球桌做成汽车的形状，加上了轮子，搬运起来就方便了，你喜欢在这样的台球桌上打台球吗？

图26-3　会走的台球桌

你能在下面的文具中加点什么，让它有些更合理的变化，但又不会影响它的主要功能。

（1）铅笔：_____

（2）手工剪刀：_____

（3）钉书器：_____

（4）透明胶带：_____

（5）曲别针：_____

二、帽伞——减一减

下雨天，你注意过有人带的帽伞吗？雨伞去掉了伞把，伞架底部设计成帽盔的形状，用时可像帽子一样戴在头上，还省去了手的费力支撑；不用时，可以像雨伞一样收拢存放，真是方便随意（见图26－4）。

图26－4　可爱的帽伞

厚重词典的右边按排序依次留出半圆形缺口，查找词汇时就如同走了近道一样方便；在公园游览时，如果你想拍摄某个时代或某个历史人物的照片，有时不必穿上那个时代的衣服，只需往画像后面一站，露出头来，就可达到以假乱真的效果。

与增加法类似的道理，我们可以通过去掉事物的某一部分，省略某些复杂程序而使人用起某物品时感到方便随意，也就是从删除、减少、去掉、省略、拆散等角度去思考解决问题的方法。我们把这种方法称为缩减法。

对大多数人来说，苹果的 iPad 和微软的 Surface RT 平板电脑乍看起来似乎没太大的区别。但 2013 年 7 月微软公布的财报却显示积压的 Surface RT 库存价值已达 9 亿美元。与之形成鲜明对比的是苹果的 iPad，iPad 现今已卖出超过 1 亿台。Surface RT 有着复杂的功能：额外端口、USB 接口、SD 卡插槽，允许用笔在 Surface RT 上完成操作，以及内置的翻转支架。苹果的 iPad 给出的选择只有：连接方式、存储容量、黑色或者白色。[①]

所以，你知道现在的消费者需要什么了吧！

你能将现有的电器中减去一些操作程序，使操作变得更简单些吗？

（1）手机_____

---

① 为什么 Surface RT 失败了，iPad 却没有 ［2013－8－1］. http：//bbs. 9ria. com/forum. php? mod = viewthread&tid = 230288.

（2）电脑＿＿＿＿＿＿＿＿＿＿＿＿＿＿＿＿＿＿＿＿＿＿＿＿

（3）吸尘器＿＿＿＿＿＿＿＿＿＿＿＿＿＿＿＿＿＿＿＿＿＿

（4）有线电视＿＿＿＿＿＿＿＿＿＿＿＿＿＿＿＿＿＿＿＿＿

（5）空调＿＿＿＿＿＿＿＿＿＿＿＿＿＿＿＿＿＿＿＿＿＿＿＿

如果你觉得你的设想很有价值，可把你的建议寄给生产这些电器的工厂设计部。

练习题

1. 多味西瓜

在西瓜里加上点什么能使西瓜变得更美味，人们更喜欢呢？（见图26－5）

2. 厨房小变革

同学们，请从厨房的用品出发，任意选择一种物品，利用缩减的方法，省略某些复杂程序，或者去掉某一部分，把它变得更方便人们使用。

图26－5　美味的西瓜

✳ **本课要点：**

加一加：添加、增加、附加、叠加；减一减：删除、减少、去掉、省略、拆散。

利用加一加、减一减来使我们产生新创意，这就是增减法。注意，使用这种方法时，不能喧宾夺主，影响事物原来的主要功能。

第 27 课

孙悟空的金箍棒
——大一大和小一小

同学们都知道我国四大名著之一《西游记》中的主角孙悟空吧，他的武器金箍棒可以随着他的口令任意变化大小。孙悟空一喊"大"，金箍棒就变大，一喊"小"，金箍棒就变小。金箍棒可以大到顶天立地，成为东海的定海神针，也可以小到和绣花针一样，孙悟空可把它放在自己耳朵里（见图 27 - 1）。如果我们平时在生活中使用的东西都能像孙悟空的金箍棒一样，能变大能变小，那么我们的生活是不是会方便、精彩许多呢？

图 27 - 1　孙悟空和他的金箍棒

一、和真车一样大的汽车拼图——大一大

我们有很多同学喜欢拼图，特别是有些男同学喜欢汽车的拼图。如果这个拼图拼出来的汽车和真车一样大，你喜欢吗？是不是很有成就感？这个愿望已经能实现了。来自爱普生公司的员工利用爱普生巨型打印机和他们精美的手工技术，制作了这辆与真实本田赛车 1:1 大小的硬纸板拼装赛车[①]，如图 27 - 2 所示。这辆汽车拼图的制作过程和小型汽车模型的制作没什么两样，都是先要将各个组装部分裁剪好，再进行拼接和纸板粘贴。这些模型部件都是爱普生公司的打印机打印出来的，这种打印机可以把任何小汽车的模型变大。

像这样把原来的物品变大，反倒产生了意想不到的效果，使得原物品有了新生命，得到更多人的喜爱。

---

① http：//www. patent - cn. com/2010/08/08/43553. shtml.

图 27 - 2　和真车一样大的汽车模型

如图 27 - 3 所示的婴儿车，有 20 寸全地形轮胎、液压悬挂系统、侧边后视镜、刹车灯、夜间大前灯。这是斯柯达英国公司设计的大号婴儿车，不仅外观吸引人，更重要的是提高了孩子乘用的安全性、舒适性，家长们非常喜欢。

图 27 - 3　尺寸"气势磅礴"的婴儿车

二、杯子上消失的冰川——小·一小·

图 27 - 4 中的这款杯子看上去似乎没有什么特别的。而实际上，它外层的冰川图案是由热感应涂料绘制的。当热水被倒入杯子中时，冰川就会从杯子上消失，只剩下一望无际的"大海"①。这个作品在展示创意的同时，也警示人们全球变暖将会产生的后果，从而提高大家的环保意识。

杯子上的图案由大变小，直至消失，这种小一小，带来了杯子的一个新

---

① http：//www. patent - cn. com/2007/10/31/6543. shtml.

作用，提醒人们不忘环保。

图 27-4　杯子上消失的冰川

上一课中我们曾尝试着把下面的文具中加点什么。今天我们把它们"大一大"或者"小一小"，看一看它们能有哪些新功能、新作用。

（1）铅笔：_____

（2）手工剪刀：_____

（3）钉书器：_____

（4）透明胶带：_____

（5）曲别针：_____

 练习题

1. 易丢失的 U 盘——大一大

使用 U 盘（见图 27-5），经常被它的易丢失困扰着，同学们想办法把它"大一大"，使它再也无法"走失"了。

图 27-5　U 盘

2. 变小的储钱罐

很多同学都有自己的储钱罐（见图27-6），节约是种好习惯，可是好习惯并不容易养成，同学们想办法把储钱罐"小一小"，使得它的主人快点养成节约的好习惯吧。

图27-6 储钱罐

💥 **本课要点：**

我们尝试着将物品"大一大"、"小一小"，使得物品产生某种新功能、新作用，这样就产生了新创意，解决了物品原来存在的问题，也使得原物品焕发出新的生命力。

第 28 课

就地取材 俯拾即是
——探索生活空间

同学们，你们对生活中的门、窗、墙、锁产生过兴趣吗？下面类似的事情你们做过吗？

把自己挂在门上，不停地摇来摇去；喜欢玩门锁，从锁孔中窥视整个世界；喜欢扒别人家的窗户，好奇地看着里面发生的新鲜事儿。不要不好意思，通过门、窗、墙、锁等进行探索是同学们空间智慧发展的需要。

一、探索生活空间

门、窗、墙、锁这样的生活空间对同学们行为心理的成长有多么大的作用，是成人们无法预料的。锁孔的位置与功能，墙壁的大小与色彩，都对同学们的成长有作用。

同学们小的时候在墙上乱写乱画、关门锁门等行为，都体现了小朋友对生活空间的兴趣。很少有大人专门为小朋友创造一个乱涂乱画的空间，大人在门上装上锁，没有想到小朋友会用它来学习拧动。乱涂乱画、扭动门锁，都是儿童探索空间的行为。大人总是说这样的行为不招人喜欢，这其实是无视小朋友的心理，完全以大人为中心的看法。小朋友们通过玩耍，掌握了墙和锁上的门具有分隔空间的功能。

同学们每天学习、生活的校园，你对她熟悉吗？我们一起去探索，找一找我们原来并不了解的地方，回来后用文字与图画表述出来。

二、同学们，让我们一起出发吧

选择下面任意一个环境空间（参考图28-1），与你的好朋友们一起去探索吧！

1. 一条不是很深的小溪

在里面摸鱼捉虾，还可以和泥巴玩……

2．一条由各种各样奇异的小石子铺成的小路

在这样有趣的路上跑啊、跳啊，也可以躺在上面，而且可以用小瓶子装路上捡来的石子……

3．一些奇异的山洞或树洞

可以把它们当做一个个的小房子……

4．一块草坪

在上面翻跟斗、睡午觉、坐着玩，还可以捉小虫、斗草儿、看蚂蚁……

5．海边的沙滩

可以随意地挖洞、建堡垒、开河渠、用木棍画画、藏东西、用沙埋自己……

6．小树林

可以在林中收集果子、堆松果、造房子、藏猫猫……

图 28－1　探索空间

三、体验空间和设计空间

1．空间行为

你观察过生活空间中人的行为与环境的关系吗？好多现象司空见惯，其实里面大有奥秘。

为什么她们靠在墙上？为什么他们坐在栏杆上？为什么有的地方可坐，有的地方只能靠着？（见图 28－2）

一个 0.8 米高的木块，成人可以坐在上面，10 岁的小孩想坐在上面可就费劲了。什么样的环境引导什么样的行为，人的身高尺度也决定了他是否能使用一些用具和设备。

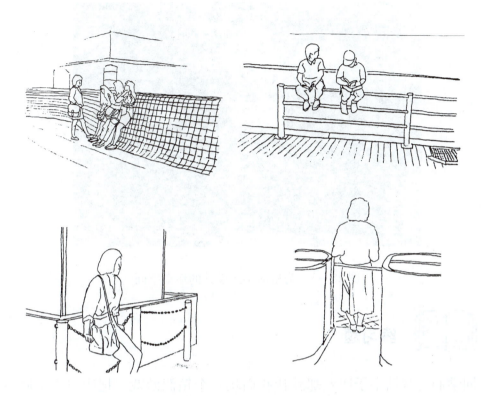

图 28 – 2　空间中行为的奥秘

请你观察一下校园里的设备和用具，思考一下哪些不适合小学生使用？

2．小区体验和设计

小区里有你没去过的地方吗？请在保证安全的前提下，去探究一番。你有什么新发现？（参考图 28 – 3）

你观察过你居住的小区吗？哪个地方人聚集得多，哪个地方少有人去？这是为什么呢？请写在下面：

如果你喜欢热闹的气氛，想想可为小区设计一些什么样的活动设施，以增加人气儿。请写在下面：

如果你喜欢安静，想想可为小区设计一些什么样的活动设施，使小区既有一定活力，又不会太喧嚣。请写在下面：

117

图 28 – 3　为生活小区设计的活动空间

 练习题

同学们喜欢钻桌子吗？那就让我们玩一个钻洞游戏。把床或桌子底下打扫干净，放进一些各种各样的小纸箱、瓶瓶罐罐，再把一些小物件（宝贝）放进纸箱和瓶瓶罐罐里，用一块布将床或桌子围合，留下开口当门。

一位同学扮演阿里巴巴，每次进洞之前都要喊："芝麻，芝麻，开门！"得到允许才能进门。然后在规定的时间内，例如数 20 个数，寻找到宝贝。另一同学事先编好宝贝的名称，只用三个形容词提醒第一位同学，例如圆的、毛茸茸的、轻的。如果在规定时间内没有找到宝贝，但能及时出来，还有机会进入；如果耽误了时间，就会被关在洞里，等待 5 分钟后自己解救，办法是用两只手和一只脚从床底下爬出来。

✳ **本课要点：**

探索真实的生活空间，是空间智慧发展的需要。理想的探索空间，有助于探索精神的形成。体验空间的奥秘，是设计空间的基础，小学生也有设计能力。

第 29 课

章鱼转一转
——玩中探索

对儿童来说，玩就是学习。没有游戏相伴的孩子是很可怜的，那情形就像被握出来的小苗在寒风中发抖一样。玩是孩子的天性，玩中大有学问；玩，可以刺激大脑发育；玩中也有创造。

一、看谁的章鱼跑得快

我们在这节中要和同学们一起想办法使得用纸做成的章鱼转动起来，并且我们要比一比谁的章鱼动得最快（章鱼参见图 29 - 1）。

图 29 - 1　章鱼快跑①

我们需要准备的原材料有：A4 或 B5 纸大小的但比一般的打印纸要硬一些的纸若干张；剪刀一把；铅笔和橡皮。

我们需要做的是：把长方形纸长边对折卷成一个圆柱筒，用胶水粘好。

---

① http：//image. baidu. com［2013 - 8 - 5］.

筒的一部分作为章鱼的头，剩下的部分是身子，我们需要把身子剪成若干只脚，然后你和同桌都把剪好的章鱼放在一张白纸的中央，通过拍动白纸，看谁的章鱼跑得快，最先跑出白纸的范围为赢。赢的同学可与其他同学再比，没有赢的同学可思考如何改进章鱼，使它跑得更快。

我们要一边做，一边探索：

（1）圆柱筒对折成的粗细大小对章鱼转动是否有影响？

（2）章鱼的头、身子各留多大为最合适的比例？

（3）身子剪成多少只脚为好？

（4）身子上的脚剪成什么形状速度最快，直的？斜的？螺旋的？

（5）章鱼头的形状会不会影响它的运动？

请同学们在制作的过程中，边动手，边思考，多问自己几个"为什么"？

最后可在全班同学中比一比谁的章鱼跑得最快。

总结跑得最快的章鱼有什么特点，分析为什么它跑得快。

二、莫比乌斯环

普通的纸条有两个面。但是把纸条的一端翻转180度再与另一端粘在一起，就成为一个莫比乌斯环，它只有一个面。这是一位叫莫比乌斯的德国天文学家、数学家独特的贡献，就用他的名字来命名这个环了（见图29-2、图29-3）。

图29-2 普通的纸条有两个面

图29-3 莫比乌斯环只有一个面

下面请大家一起玩莫比乌斯环。

如果在纸条上画一条线剪开，能得到什么？还是莫比乌斯环吗？

如果在纸条上画两条线，沿线剪开，能得到什么？

如果在纸条上画三条线，沿线剪开，能得到什么？

如果在纸条上画四条线，沿线剪开，能得到什么？

……

一直玩下去，你有什么收获？

一开始，人们认为莫比乌斯环只是个数学游戏，后来才发现，把莫比乌斯环用在录音带上，用在机器传送带上都会节省空间，增加功效。

 练习题

1. 撕出我的精彩

同学们喜欢撕纸吗？把家里可以撕的纸收集起来，用我们的小手，发挥我们的想象力，撕出你喜欢的、你心里想的东西，可能是文字、可能是小动物、可能是邮票、可能是一幅画、可能是我们的好朋友……

把你最得意的作品拿来和你的同学们比一比，看看谁是撕纸小高手（参见图29-4）。

图29-4 撕纸作品："我的小手"

2. 多米诺骨牌

找来多种颜色的多米诺骨牌，玩玩这里的奥秘。

（1）用黑白两种颜色的多米诺骨牌排列，你可排出多少种花样？

一黑一白，两黑一白，两白一黑，两黑两白。

三黑一白，三白一黑，三白三黑。

一黑一白加两黑两白，两黑两白加三白三黑。

……

到底有多少种排列方法呢？你试着玩一玩。

（2）用黑白红三种颜色呢？

第30课

创造性设计
——未来社会[*]

"丁零零……"北京时间7：00，小闹钟提醒我该起床上学了。我揉揉朦胧的双眼，猛地坐起来。今天学校组织我们去苏州西山秋游，7：30准时出发，我可不能迟到啊！

吃完早饭，爸爸用指纹识别的方式打开了飞车。飞车和普通的汽车一样，能在路上行驶，但它还能在空中飞行（见图30-1左边的图）。等我坐下后，爸爸在导航仪上输入我们学校的名称，然后按下红色的按钮。只听"噌"的一声，飞车腾空而起。一路上，没有红灯，没有堵车，也没有行人乱穿马路。两分钟后，导航仪提示："昆山市实验小学到了，本次导航结束。"爸爸按下蓝色的按钮，飞车缓缓降落，准确无误地停在我们学校门口。

图30-1　未来公共交通工具

7：28，我和同学们一起坐上了空中客车。空中客车如热气球一般，呈圆形，色彩像彩虹一样绚丽（见图30-1中间的图）。除了客车司机，还有一个机器人乘务员为大家服务。它笑容可掬，会说中文和英文，做事迅速且准确无误。大约行驶了10分钟，空中客车的太阳能电池板自动打开，开始收集阳光作为能源提供动力。同学们看着蓝天白云、青山绿水，心情格外愉快。

大约半小时后，空中客车稳稳地停在西山橘园。我们像小鸟一样，欢呼着投入大自然的怀抱，纷纷骑上绿色自行车开始游玩。树上的橘子可多了，像一个个小灯笼，让我们垂涎欲滴。我将自行车停在树下，伸手摘下一个橘子，剥开皮一尝，酸酸甜甜的，真好吃！不一会儿，够得着的橘子就所剩无几。我重新骑上自行车，猛踩了几下，自行车就飘飘悠悠地停在橘树枝头。现在，我可以不慌不忙地摘高处又大又黄的橘子了（参见图30-1右边的图）。

"快醒醒，起床上学啦！"妈妈轻声催促着我。原来，刚才的空中旅行是一个梦，我不禁有些失望，但是我想：随着科技的不断发展，我们一定可以创造出会飞的汽车，绿色出行，低碳生活，享受梦幻般的感觉。

以上是江苏昆山市实验小学四（1）班的王韵歆小朋友通过对未来交通进行想象而写出来的作文——《梦想中的生活——未来城市公共交通畅想曲》。那么，你是如何想象未来交通的呢？请你给大家画一画、写一写、讲一讲。

一、未来的医院

今时不同往日了，明天更不同今日。未来的医院已经不是你现在知道的医院了，让我们来想象一下未来医院（见图30-2）。

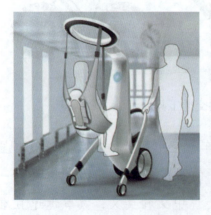 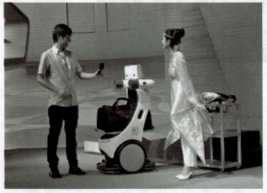

图30-2　未来医院的医疗机器

走进医院，你定会大吃一惊：

（1）医院没有药，只有

①_____

②_____

（2）医院没有医生，只有

①_____

②_____

（3）拔牙不疼也不痒，怎么拔？

①_____

②_____

（4）长不高，不用愁，为什么？

①_____

②_____

（5）骨折了，几天就治好，为什么？

①_____

②_____

（6）看病不用挂号，为什么？

①_____

②_____

（7）手术不用去医院，为什么？

①_____

②_____

二、设计未来

1. 任务：设计一个未来城市，并制作城市模型（以小组为单位）

设计是一种预见，事先拟订计划、安排活动也叫设计。专门的设计需要运用图、模型来表达你的预见。

第一步：找来城市地图，了解城市的结构，讨论一下，你的城市可爱吗？你生活在这个城市里舒心吗？如果你是城市的小规划师，你会怎样设计城市？

（1）你觉得城市里小朋友的活动场所是不是太少了？你建议怎样增加儿童游戏场呢？你觉得城市里老年人的活动场所是不是也少呢？你建议怎样增加老年人的活动场所呢？城市里的活动空间是有限的，怎样兼顾所有人的需要呢？

（2）城市的绿地是不是太少？

（3）城市的交通是不是很成问题？是道路设计不合理吗？

第二步：一边想象未来的城市，一边在地图上重新摆上玩具房子、树木（用贴有绿纸的夹子代替）、道路和河流（用不同颜色的彩带纸代替）、玩具汽车等。还可加上想象的东西，设计出一个新的城市初步模样。

第三步：自己动手做一做，把我们心中的未来城市用模型的方式表现出来。

模型制作的材料不限，木头、纸壳、塑料、泥土、橡皮泥等都可以，也可把生活中不用的废品拿来制作我们的模型，实现废物的再利用。如，用废弃光盘片、废塑料瓶、废报纸、废纸箱、废轮胎等为原料，制作一个未来城市的模型。

2. 模型制作小技巧

不同材质的原材料，需要不同的加工工具及不同的处理方法。

（1）硬纸板的折缝方法。硬纸板一般分三层。两面是白纸，中间一层是棕色纤维。用美工刀沿着画好的线切割，保留最下面一层白纸不要切透，对折一下，就可得到整齐的折缝。

（2）泡沫塑料的切割方法。切割泡沫塑料最好使用细铁丝，这要比用美工刀切割更便捷。

（3）木材的胶水粘接方法。采用木头做原材料，我们需要用瞬干胶粘接。用胶水粘接时瞬干胶抹多少才合适呢（如图30－3所示）？正确答案是B。不能如图A那样只抹一点，也不能如图C那样抹得过多，甚至超出了粘接表面。此外还要注意，如果粘接表面不平整，我们需要用砂纸打磨光滑。

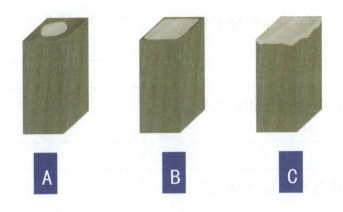

图 30 - 3　瞬干胶用法示意图

 练习题

1. 想象未来新职业

有人担忧，如果在未来，机器人代替了工人的工作，工厂的工人去做什么呢。

一位诺贝尔和平奖获得者说，可以让他们从事儿童保育、卫生保健、社区建设、环境修复工作，这能让人类的生活更好。

你知道吗？未来50年，有30%的职业是新的。下面请同学们发挥想象力，做一个"假如"的游戏，主要是想象未来社会会出现哪些新职业。例如："假如我去做儿童保育工作，我会成为儿童玩具智慧管理员，专门负责儿童玩具的智慧升级。通过换玩具的某些部件，增加玩具的复杂程度和智能，适应儿童心智的成长。""假如让我做卫生保健工作，我会成为表情分析师，专门根据患者表情分析疾病。""假如让我做社区建设工作，我会成为社区幽默指数检测员，专门负责对社区幽默氛围进行监督，让幽默作为幸福指数的一项。""假如让我做环境修复工作，我会成为昆虫工程师，利用某些昆虫修复植物和土壤。"请想象未来的新职业，一定要是现在没有的职业。

（1）假如我做儿童保育工作：

我会成为_____

我会成为_____

（2）假如让我做卫生保健工作：

我会成为＿＿＿＿＿＿＿＿＿＿＿＿＿＿＿＿＿＿＿＿＿＿＿

我会成为＿＿＿＿＿＿＿＿＿＿＿＿＿＿＿＿＿＿＿＿＿＿＿

（3）假如让我做社区建设工作：

我会成为＿＿＿＿＿＿＿＿＿＿＿＿＿＿＿＿＿＿＿＿＿＿＿

我会成为＿＿＿＿＿＿＿＿＿＿＿＿＿＿＿＿＿＿＿＿＿＿＿

（4）假如让我做环境修复工作：

我会成为＿＿＿＿＿＿＿＿＿＿＿＿＿＿＿＿＿＿＿＿＿＿＿

我会成为＿＿＿＿＿＿＿＿＿＿＿＿＿＿＿＿＿＿＿＿＿＿＿

2．未来城市设计比赛

同学们心中的未来城市设计好后，要进行比赛的噢！看一看哪一组同学的作品最有创意、最有想象力。

请选出你心目中的"最佳设计奖"和"最佳制作奖"。

奖项	获奖者	获奖理由
最佳设计奖		
最佳制作奖		

✳ 本课要点：

想象未来的社会，充满对未来的憧憬。动手制作模型，把所思、所想形象化地表达出来，不仅让创意更容易得到理解，还可以促进想象和思考，锻炼动手能力。

第 31 课

昆虫世界的着迷者
——执著地探索

　　一个男孩趴在地上，专心致志地在看一群昆虫，他是那么入迷，几个小时过去了，他还趴在那里。过路人出于好奇，都围过来看他在干什么（见图 31 - 1）。

　　这个人就是法国著名的科学家法布尔。有人形容他对昆虫世界的兴趣甚至超过了对人类世界的兴趣。正是出于对动物的浓厚兴趣，他成为著名的昆虫学家，写了许多脍炙人口的书籍。特别是在《昆虫记》这套书中所描绘的真实故事，回答了许多儿童对昆虫的疑问，深深地打动了各国的小朋友。同学们，你们读过这部著作吗？你们像法布尔那样专注地探索过某种事物吗？

图 31 - 1　法布尔昆虫记

一、我们身边的"鱼博士"

　　有一个小孩儿喜欢钓鱼。一天他钓到一条非常美丽的鱼，就开始对鱼发生了兴趣，才小学二年级就积极地考察鱼类图鉴。由于这个兴趣与学校的课程没有关系，他的父母担心他整天看鱼的书，学习掉队怎么办？于是找专家商量。专家说："不会的，只要他能够针对某一目标彻底研究，便会培养出成功的自信，其他事就难不倒他了。"专家请他的父母很好地珍惜他能如此投入地干一件事的精神，不要阻止他。不久，这个孩子就在班上得了一个"鱼博士"的美誉，而且其他功课也学得很好。我们的家长很少有想到这种投入的精神与学校学习相一致的一面，他们也很少看到我们专注于探索的精神和自信心的提高促进学习全面发展的结果。

二、走近鸟的世界

1. 我喜欢的飞禽

飞禽在大自然中飞翔，多么自由和潇洒！你喜欢哪一种飞禽呢？
请从下面的图片①中挑选你最喜欢的一种飞禽（见图31–2至图31–6）。

图31–2　翠鸟捕鱼　　　图31–3　大天鹅的舞姿　　　图31–4　银耳相思鸟

图31–5　搜寻中的草原雕　　　　图31–6　仓鸮相依

（1）说明自己喜欢的理由。

（2）你是否观察过这种飞禽？如果观察过，请向同学们讲述观察的细节。

（3）深入了解这种飞禽的生活习性、分布和数量。

（4）用肢体动作呈现飞禽的形态。

（5）使用表达心情的词语从同学表演的动作中猜出飞禽的心情。

（6）使用蜡笔以线条和颜色表现你喜欢的这只飞禽的心情。

---

① 5张照片均来自中国观鸟网，http：//www．cbw．org．cn。

2. 有关鸟的知识

请亲自观察或查阅资料回答下述问题：

例如，鸟巢是鸟的家吗？

鸟巢真的是鸟的家吗？其实不是的。我们冬天常看到成群的乌鸦站在树枝上过夜，并不回到巢中。实际上，鸟儿过夜休息并不需要鸟巢。鸟辛辛苦苦搭建一个鸟巢，真正使用它只有一年中的部分时间，就是在它们繁殖的时候。鸟巢的大小、形状、材料、结构各异，在繁殖期结束，幼鸟可以独立生活之后，鸟儿便离巢而去，鸟巢也就完成了它们的使命。

（1）鸟类色彩斑斓的羽衣是否也是由于羽毛中具有了各种色素而形成的呢？

（2）鸟蛋的颜色会变吗？

（3）在水中生活的鸟类在外形、体态上有什么特征？

（4）鸟击又称鸟撞，是指鸟类与飞行中的飞机、高速运行的火车、汽车等发生碰撞，造成伤害的事件。你知道鸟击产生的原因吗？人类是否干扰了鸟的生活？

 练习题

1. 矮朋友的故事

同学们根据下面的描述，发挥想象力，编一个故事。

假设有一个小矮人突然造访你的家，他是一个小得可怜的小矮人，大概只有同学们的手掌那么大，他在各方面都有很多与普通人不同的地方，同学们和他在一起会遇到各种奇异的事情。下面，想象一下小矮人对什么感兴趣，他因为这个兴趣会有什么奇特的经历。比如他就对数字感兴趣，那么他看见你家的挂历会有什么表现？如果他就对圆形的东西感兴趣，那么，他会把你家里方形的东西变成圆形的吗？请想象细节，讲给你的同学们听。

2. 墙上的"兴趣叶"

用五种不同的彩色纸画五个不同的叶子，用剪子剪下来，然后问问我们自己最感兴趣的五个事情，用笔在五片叶子上画出来。如果对虫子感兴趣，就画一只虫子；如果对汽车感兴趣，就画一辆汽车；如果对乐器感兴趣，就画一个乐器。然后贴在墙上。告诉自己，如果你对什么失去兴趣了，可以取下来。对什么新事物感兴趣了，可以再画一张贴上去。每隔一段时间，我们可以和同学们来分享一下自己的"兴趣叶"。

✴ 本课要点：

从兴趣出发，专注地探索某种事物，是作为科学家必备的品质。新知识更多是通过探索得到的，而不是仅从书本得到的。即使探索的事物与学校现在学习的内容不完全一样，也有相一致的一面。专注的探索精神是提高学习能力的关键。

猜猜有几只豹子
——直觉的力量

日本有个电视台曾办了一个节目，有一项五觉（视、听、嗅、味、触等感觉）测验，曾邀请三位肯尼亚人与三位日本人分三组比赛。一项测验是从非常小的缝隙中窥视瞬间飞越而过的豹群，然后请参加者说出数目，结果日本人全都猜错，肯尼亚人都猜对了（豹子见图32－1）。一些人类学家到非洲原始森林中考察，听见头上有猴子四处乱窜，人类学家猜测顶多五六只，而带路的非洲人说有15只，结果非洲人说的完全正确。这种卓越的直觉能力，在科学研究中也会用到，甚至会起到关键作用。

图 32－1　奔跑的豹子

一、直觉解决难题

美国发明家爱迪生，年轻时曾和普斯林顿大学数学系毕业的阿普顿一起工作。阿普顿总觉得自己有学问，不把卖报出身的爱迪生看在眼里。爱迪生是个沉默寡言的人，从不炫耀自己。有一次，爱迪生把一只梨形的玻璃灯泡交给阿普顿，请他算算容积是多少。阿普顿拿着那个玻璃灯泡，心想："想用这个难住我，未免太天真了！"他拿出尺子上下量了又量，还依照灯泡的式样列出一道道算式、数字，写了一大堆符号。他算得非常认真，画了一大张草图，脸上渗出细细的汗珠。过了一个多钟头，爱迪生见阿普顿还在那儿忙个不停，便忍不住笑了笑说："不用那么费事，还是换个别的方法算吧。"阿普顿仍固执地说："不用换，我等一会儿就能精确地得到答案了。"又过了半个小时，阿普顿对自己的计算似乎还不放心，还在那里低头核算。爱迪生却拿过玻璃灯泡，倒满了水交给阿普顿说："去把这些水倒进量杯……"不等爱迪生说完，阿普顿马上知道了什么是既简单又精确的方法，他那冒着汗的脸，刷地红了。

你认为数学很难吗？其实在数学计算上也能运用直觉。就好似我们平时打篮球，要靠球感一样，请不用繁复的计算，用简便的方法直接得出答案。

如图32-2所示，这三块铁板的面积和厚度都相同，为了做容器，分别被挖掉一部分。请让孩子比较一下，哪块板所剩的面积大？你想到了使用什么方法呢？一定要想出最简便的方法来。比较一下各种方法的难易。如果有条件，最好能实验一下。

图32-2　哪块板所剩的面积大？（黑色部分）

二、活动大脑操

直觉的产生与亲身体验有关，也与大脑的灵活性有关。

1. 观察中锻炼直觉

同学两两一组，给2分钟时间，背对背在自己身上作3个变化，然后面对面找变化；再背对背，给2分钟时间，在自己身上再作5个变化，然后面对面再找变化。

134

2. 把握形体的直觉

每位同学准备一个不用的"包装盒"，把它展开成平面，让你的同桌迅速把它复原。最好找复杂的包装盒，看谁能够难住你的同桌。

3. 脑体协调运动

在老师的指令下与同伴玩"单腿转转"这个游戏。

左手拉住右耳，右手抓住左脚，右脚单跳，顺时针转 5 圈，再逆时针转 5 圈。

右手拉住左耳，左手抓住右脚，左脚单跳，顺时针转 5 圈，再逆时针转 5 圈。

玩的时候，一人做动作，一人监督，如果失败了，就刮一下鼻子。

还可以改变指示，如左手抓左脚，看谁能及时、正确地反应。

 练习题

1. 比直觉

与同伴站在一棵松树或开满花的树下。一起看一眼树，同时说出这棵树上有多少松塔或多少朵花。然后仔细数一数到底是多少，看谁有更好的直觉。

到同伴家里，站在卧室门口看五秒钟，马上背过身去，让同伴改动卧室的三个地方，然后，转过来猜一猜卧室有什么变化。

2. 非常规画画

（1）画纸团：

将一张纸揉成一团，作为绘画的对象。

由于纸团不具有任何概念意义，画画的过程中，较少受到固定概念的影响。

绘画中，注意力只在线条的走向，捕捉线条。

（2）倒置绘画：

在一本书里，选一张画，把它上下颠倒。

听音乐放松，进入不考虑时间限制的状态。

在纸上自上而下地画这张画，不要考虑画得像还是不像，把注意力集中在线条在空间中的走向，线连线，图连图，就像画一幅拼板玩具图。

画成后，把它颠倒过来，孩子和家长一定会对倒画竟画得如此之好而感到吃惊。

✳ 本课要点： ·

直觉是对事物直接的体验，不假思索就得出答案的思维。直觉得出的结论不见得都是对的，但却有独特的作用。多到大自然中去体验，不要排斥有益的直觉。

第33课

门还能用来做什么
——向唯一性挑战

在家里打乒乓球可不容易，需要较大的空间，你能想出一种办法，来解决这个难题吗？有个发明家真聪明，他把两间屋子中间的门当做乒乓球台，就可实现不占大的空间也能打乒乓的愿望了（见图33-1）。为什么这个聪明人能想出这个主意呢，因为在他眼里，门不是只能用来分隔空间，门还可当球台。

这面水平翻转90度便可成为一张乒乓球台的起居门，绝对是一个绝妙的创意啊。

图33-1　门可当乒乓球台①

一、书一定是长方形的吗

当我们被这样问到时，你会怎样回答呢？"书当然是长方形的。"如果你这么回答，可要小心了，你的思维有点僵化了。你可以说："书不是非得是长方形的，它可以是方形的，可以是细长的，也可以是圆形的，甚至可以是任

---

① http：//pic. sogou. com/［2013-8-5］.

何形状的。"如果再问你："圆形的书怎么往书架上放呢?"你可以回答："可以把书做成橘子瓣形状的,放在橘子形的书套里,摆在桌子上当装饰工艺品,为什么非要往书架上放呢?"

确实,大多数的书是长方形的,规格也有统一的几种,便于收藏。但是如果受这样现有的形式束缚,不敢想书还可以是别的什么形状的,就被一种唯一性思维方式束缚住了。

你想象的书是什么样的?

(1) _____

(2) _____

(3) _____

(4) _____

二、斗草

遍地都长满了草,可你认识多少种呢?图33-2所示的是一种不常见到的草。

什么草最好呢?这可没有唯一的标准哦。让我们在斗草中体会一下吧。

同学们到野外找10种不同的草,将它们分为两组,每组同学选择5种草。

第一轮:斗强。

分别拿出一种,对折,两个对拉,拉断的就输了,再换另外一种,最后剩下一方的草是赢家,强度、韧性最大。可用强度、韧性最大的草编绳子。

图33-2　子宝草

第二轮:斗彩。

分别拿出一种,在一块旧白布上涂色,比较不同的绿色,看哪一种草的色彩最美丽。

第三轮:斗鲜。

分别拿出一种让小动物吃,看哪一种草最受小动物的欢迎。

三轮比赛,输的一方要负责弄清这10种草都叫什么名字,可以请教老师，还可以去查大百科全书。

 练习题

1. 脚还能用来做什么

"脚是用来走路的，将来用来踢球。"爸爸妈妈都会这样说。瞧这个宝宝多聪明，他才不管大人的规矩，用脚抱奶瓶，喝得好痛快（见图33-3）。

图33-3　用脚喝奶的小宝宝

向这个宝宝学习，训练自己不用唯一的角度看待、思考、想象任何一个事物。

请写下来：脚还能干什么？

（1）_____　（6）_____

（2）_____　（7）_____

（3）_____　（8）_____

（4）_____　（9）_____

（5）_____　（10）_____

2. 在半圆形上加线组图

在半圆形上加几条线使它成为有确定意义的图像，并写出它们的名称（如图33-4所示）。请你也利用半圆形加上几条线，组成有趣的图像。

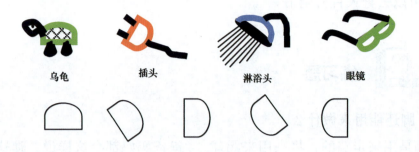

图 33 - 4　半圆组图

第 34 课

塑料不见了
——替代

日常生活中，塑料无处不在。从储物箱到家具，甚至是汽车，它们要么由塑料制成，要么含有塑料成分。的确，塑料持久耐用且具柔韧性，而且能轻易做成各种造型，所以塑料使用得非常普遍（如图 34 - 1 所示）。

图 34 - 1　塑料制品

塑料最大的优点在于其耐久性，且不易腐烂分解，但这也同时意味着它无法降解，除了部分能被回收之外，大部分都堆到垃圾场。塑料在它发挥各种有益作用的同时，也对环境造成了威胁，被称为白色污染，如果燃烧会产生对人体有害的物质。人们期待可以化做一杯水、一股气消失于大自然中的新型塑料。最近美国 ECM BioFilms 公司开发的一项新科技使这一切成为可能。一种添加剂可以有效地帮助塑料降解。含有这种添加剂的塑料制品对热和光都不敏感，有比较长的保存期限。不过，它会在 9 个月到 5 年内，在土壤中完全降解——不管是在垃圾场、废料堆还是在路边。

另一种解决白色污染的思路就是用别的材料来替代塑料制品。

一、材料替代

塑料制品被越来越广泛地使用，而制造塑料的石油却越来越少。可以用什么代替石油生产塑料呢？

英国科学家发明出一种自然植物塑料以代替以石油为原料的塑料。以植物为原料的有机塑料不破坏环境，而且可以在自然环境中无害自然分解。

自然塑料大多以玉米或甘蔗为原料，其强度无法承担要求很高的任务，仅可用做产品的包装盒。后来科学家给普通的自然塑料中加入亚麻纤维，从而使其强度大大提高。

请同学一起讨论下面的问题：

（1）人们发明了用纸替代布的新式医用胶布，请你想一想，可以用什么材料来代替布做的窗帘？

（2）家具都是木头的、塑料的、合成材料（包括木头、塑料的合成物）的，请你想一想，可以用什么材料来代替木头和塑料？

二、因贪玩作出的发明

美国发明家斯托特还是个小孩子的时候就很贪玩。为了玩，他会动脑筋，解决一些大人都没解决的问题。当年他在明尼苏达州读书时，为了免交房租，替房东照管锅炉。每天清晨四点闹钟一响，他必须从睡梦中爬出被窝，飞快地冒着寒气跑到地下室去打开炉门，关上风门，让火旺起来，使房子变暖。这实在是件苦差事，但又不得不为之。为了能够躺在被窝里多睡会儿觉，他想出一个主意，用两根长绳子分别拴住炉门和风门上，再把绳头从窗子拉进卧室，到时候只要躺在被窝里拉一拉绳子就行了。但绳子拉断了，斯托特还要跑下去吃苦头。他又想出了一个新办法：干脆把闹钟放进地下室去，做一个类似老鼠夹子的机关，在发条钮上支一根木棍，闹钟一响，发条钮就转动，木棍倒下，牵动炉门打开、风门关闭。斯托特因为"偷懒"，反而发明了钟控锅炉。

发明家斯托特利用钟控装置代替了自己早起打开炉门的一系列动作，这叫动作替代。这一思路体现的就是创新发明中"替代"的方法。

请同学们讨论下面的问题：

（1）为了唤醒那些听到闹钟响声也不起来的懒人，可用什么来替代闹钟响声，把他唤醒？

（2）设计什么样的小推车，可以避免在超市中一边动手到货架上取商品，一边又担心车子离自己太远，用手去拽车的动作？

 练习题

1．动作替代

观察同学们大扫除时的动作，看哪些动作是可以用工具替代的，以增加扫除的效率。

2．材料替代

少浪费一捆纸，就可少砍一棵树。找找周围所有用纸做的东西，想一想，这些纸品可用什么替代？

3．语言替代

你能分别用 8 个字描述它们的意思吗？

A．小而高的山   B．小而尖的山

C．尖而高的山   D．高而陡的山

E．高而险的山   F．高而大的山

✴ **本课要点：**

把事物原来的材料、动作等用另一种材料、动作等替代，使得事物的材质、功能等不断进步，新发明就出现了，这就是替代的方法。

第 35 课

透镜小精灵
——小小杂志人 *

同学们平时喜欢读杂志吗？如图 35–1 所示的《少年文摘》《快乐童话》这样的杂志你喜欢吗？你对出版编辑这些杂志的人感兴趣吗？我们也来试着办杂志，把我们的杂志办成同学们喜欢的、最有创意的杂志。

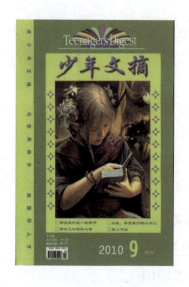

图 35–1　同学们喜欢的杂志

一、杂志 ABC

杂志是有固定刊名的、定期或不定期连续出版的印刷读物。它根据一定的编辑方针，将众多的作品汇集成册出版。

一本杂志要包括封面、封底、目录、若干内页，我们要自己选择杂志的主题，确定杂志的栏目，自己排版，自己设计；可以是纯手工制作，也可打印或印刷，也可制作网上杂志。不过办一本杂志可不简单啊，同学们需要发挥自己的创造力、想象力、团队合作能力等。制作好的杂志我们是要比赛的哟！

办杂志，同学们需要思考如下问题：

（1）我们办的杂志要给谁看？

（2）在这本杂志中给读者呈现的主题是什么？

（3）杂志内的各栏目分别是什么？

（4）通过什么样的方式、方法把我们要呈现的东西呈现出来？

（5）组内各位办杂志的同学怎样分工、合作？

（6）我们的杂志怎样创新才能区别于其他同学办的杂志？

（7）我们杂志的风格是什么？

……

二、我们来试一试设计栏目

每本杂志都有自己的名称、主题及栏目。主题、栏目与杂志的名称是密切相关的，且在每一期杂志中这些栏目的名称是固定的，杂志的栏目设计是紧紧围绕着杂志的主题展开的。比如，同学们都喜欢看动漫作品，那么我们以"动画与漫画"为主题，办一份以励志、幽默、益智为特点的杂志。

我们先确定杂志名称，可叫它《动漫英雄》《动漫总动员》或《动漫家》等，我们要制作的杂志的栏目都是紧紧围绕着动漫设计的。比如，介绍动漫作者的栏目"动漫英雄榜"，介绍国内最新动漫作品的栏目"动漫追踪"，介绍国外动漫优秀作品的栏目"异域来风"，介绍动漫制作相关知识的栏目"'动'起来"，介绍国内外名家对动漫作品、人物、作者评价的栏目"动漫评论"，动漫经典作品连载的栏目"经典连载"，介绍国内外动漫界动态的栏目"新闻速递"，动漫读者来信栏目"我与动漫"，COSPLAY 爱好者展示的栏目"COSPLAY"等。

下面请同学们为一个新杂志设计栏目：

杂志的名字叫《透镜小精灵》，是一群热心环保的同学准备创立的杂志。

我是《透镜小精灵》的标志人物（见图35-2），我已经想出了一两个杂志的栏目，我的脑筋有点不好使了，请同学们帮助我想出更好的栏目，包括大栏目

图35-2　透镜小精灵

和小栏目。我会在网上给你们发奖呀！

栏目一："透镜行动"。

小记者对破坏环境的行动毫不留情地揭示（见图35-3）。

图35-3　"透镜行动"的小记者出发了

（1）"恶水搜！搜！搜！"

（2）"臭气搜！搜！搜！"

哇，我想不出更多的小栏目了。请同学们帮我想一想：

（3）_____

（4）_____

栏目二："时空胶囊"。

专门采访爷爷、奶奶、叔叔、阿姨们，回忆生态环境没有遭到破坏时的生活。也采访小朋友，想象穿越到未来时空，想象那时的环境是什么样的。请同学们帮助设计几个符合这些内容的小栏目，要简洁，还要吸引人。

（1）_____

（2）_____

（3）_____

（4）_____

栏目三：_____

（1）_____

（2）_____

（3）_____

（4）_____

栏目四：_____

（1）_____

（2）_____

（3）_____

（4）_____

三、办网上杂志

网上杂志不同于传统纸制杂志，它的最大特点是与读者实现即时互动。让我们设计一个网上杂志，然后请专业的哥哥姐姐在技术上实现我们的设计。

如图35-4、图35-5所示，这是一个网页的图片。

图35-4　小学生酷网首页　　　　图35-5　小学生酷网的非会员体验区

看看网页上都有什么。

（1）要设计一个菜单，如图35-4所示。小学生酷网的首页，有一个网页的导航区，又叫网页的菜单。就像我们去餐厅吃饭的菜单一样，可以引导我们去选择自己想看的东西。菜单栏的每个按钮，就是我们为杂志设计的栏目。

（2）除首页外我们可把菜单栏中各栏目都细化成一个子网页，点击栏目进入后可看到子网页，这样它们与首页就合成一本完整的杂志了。

（3）网页有搜索功能，可搜索我们要找的本杂志的内容。

（4）网页杂志也是一个大家庭，聚集相同爱好、兴趣的朋友，每个家庭成员又叫会员，要设计登陆区域，小会员可以通过注册登录进入会员之家。

（5）设计体验区域，小读者亲身操作、体验网上杂志的各项功能，实现互动。如图35－5所示，就是小学生酷网的非会员体验区。

（6）网页杂志的风格要靠图形、图像、文字、色彩、版式、动画来表现。同学们可以把美术课学到的知识和技能用在这里。考虑文字字体、色彩搭配、图形配合、版式安排，来实现我们想要的网络杂志风格。还要听从心里的呼唤，设计小学生们喜欢的风格。

请同学们以小组为单位，按照网页的设计要求，设计"透镜小精灵"的网络杂志。大家要一起出主意、想办法，分工合作，设计出最吸引人的网络杂志。

练习题

1. 体育爱好者

伦敦奥运会如火如荼进行之时，2012年全民健身日全国青少年攀岩赛推广活动（四川站）在成都市菱窠路小学启动。来自成都市菱窠路小学、大观小学等5所小学的近100名小学生展开了一场别开生面的竞速攀岩比赛。假如你是一名攀岩运动的爱好者，想办一个面向全国小学生的杂志，推广青少年攀岩活动，你会给这个杂志起什么名字、设计什么栏目呢？

假如你是一名踢毽子爱好者，想办一个面向全国小学生的踢毽子杂志，你会给这个杂志起什么名字、设计什么栏目呢？

2. 杂志人比赛

全班同学组织"小小杂志人"比赛，每组同学办一份网上杂志或手工制作的杂志。请选出你心目中的"最佳栏目创意奖"和"最佳风格设计奖"。

奖项	获奖者	获奖理由
最佳栏目创意奖		
最佳风格设计奖		

💥 本课要点：

通过办杂志，能充分调动同学们的创造性。一本杂志从无到有，要考验同学的想象力、团队合作能力、美术功底、设计能力等。办网络杂志，需要学习更多新知识，也是我们把创意转化为现实作品的一个实战机会。

第 36 课

刺猬运果像什么车
——寻找相似

　　世界上有些事物是很相似的，如桃花和杏花，都有花瓣和花心。床和桌子，都有四条腿，都是木头做的。下面如图 36 – 1 至图 36 – 3 所示的事物的相似性可不是一下子就容易找出来的。

　　大象用鼻子运木棒像什么车？

　　袋鼠带着孩子到处走，像什么车？

　　刺猬运果像什么车？

　　如果你回答不出，可到街上观察各种各样的车，然后得出答案。

图 36 – 1　大象

图 36 – 2　袋鼠

图 36 – 3　刺猬

　　有的事物，乍一看，就更不相似了，比如洗衣机和小狗，你能找到它们之间的相同之处吗？

一、洗衣机和小狗有什么相同的地方

　　如果问：洗衣机与小狗有什么相同之处？大人会觉得这是个荒唐的问题。拿同样的问题去问孩子，他们的答案可就多了，例如：

　　（1）小狗有四条腿，洗衣机也有四条腿。

　　（2）小狗喝水，洗衣机也喝水（进水）。

（3）小狗有白色的，洗衣机也是白色的。

（4）小狗有个尾巴，洗衣机也有个尾巴，就是它的电线。

（5）小狗会叫，洗衣机也会叫。

（6）小狗会尿尿，洗衣机也会尿尿（排水）。

……

成人会认为回答这个问题没有任何意义，其实不然。通过上述的回答，我们也许会从小狗身上得到启发：小狗的嗅觉特灵，能不能发明一种能根据汗味儿识别衣服的肮脏程度，然后自动设定清洗时间和洗衣粉用量的洗衣机呢？小狗会借伸舌头出汗，来散发热量，我们能不能发明一种有散热装置的洗衣机，这个装置正好用来烘干衣服呢？（如图36-4所示）

图36-4　小狗与洗衣机

请小朋友们试着想象并回答：

（1）一本日历像什么鸟？解释你的联想。

（2）一只老鼠使你想到什么机器？为什么？

（3）一棵小树像什么动物？它们在哪些方面像？

二、蛇与分子式

蛇是动物，在科学分类里，是动物学家研究的对象。化学家研究化学元素的化合与分解，与蛇没有什么直接关系。几十年前，德国化学家凯库勒研究苯的分子式陷入了困境，长时间得不到答案，寝食不安。一天在睡梦中，他梦见了苯分子开始是分散的，后来一个咬住另一个，变成了长长的链了，慢慢地像一条蛇一样首尾相接了。他一下子从梦中惊醒，他敏锐地意识到，也许苯的分子式就是像蛇一样首尾相接地排列着呢。他马上回到实验室去验证他梦中得到的灵感，结果成功了（见图36-5）。

图36-5　凯库勒与蛇形分子式

蛇与分子式，是不相关的事物，可是具有创造性的科学家能敏锐地发现其中的相似，产生联想，进行创造。这是一种非常可贵的发现两个事物之间暗含的相似性的能力。

下面让我们一起发展这种"寻找相似"的能力。

浮游生物是非常非常小的生物。有两种浮游生物生活在海里：一种是植物类浮游生物，需要阳光才能生长；另一种是动物类浮游生物，它们吃更小的植物类浮游生物。对所有的鱼来说，浮游生物是必需的。小鱼吃动物类浮游生物，大鱼吃小鱼。这个全过程被称做食物链（如图36-6所示）。

图36-6　海洋食物链

海洋食物链使你联想到什么?

解释这个联想: _____

再进一步说明它们如何相像。

像阳光,因为 _____

像植物类浮游生物,因为 _____

像动物类浮游生物,因为 _____

像小鱼,因为 _____

像大鱼,因为 _____

 ## 练习题

1. 我怎么没想到

想象有时需要模糊事物的类的区别,越精确地加以区分,越不利于想象。

(1) 电冰箱与小猫有什么相同之处?

(2) 花与鞋子有什么相同之处?

(3) 小碗与小鱼有什么相同之处?

(4) 船与桌子有什么相同之处?

2. 如果我是一条鱼,我们一起来表演

(1) 如果天上会下鱼,你会做什么?

(2) 如果小鱼会说话,你会与它说什么?

(3) 如果你能听懂它的话,它会与你说什么?

(4) 如果小鱼想与小猫和解,你会帮它们做什么?

(5) 如果小鱼离不开水,你会怎样和它交朋友?

(6) 如果小鱼找不到妈妈,你会怎么帮助它?

(7) 如果小鱼找到妈妈,高兴地跳舞,你会为它唱什么歌?

(8) 如果你是一条鱼,你快乐吗?

✳ **本课要点:**

同学们在日常生活中寻找事物之间的相似性,进行分类,是十分重要的,但是如果只做这样的练习,那么有可能使同学们倾向于僵化地理解事物的相似性,而抑制了自己的想象力。本课的寻找相似点,是让同学们从外表观察那些很不相似的事物,从中找到相似的地方。

第 37 课

蠢猪不蠢
——比一比

人们都认为猪很笨，所谓"蠢猪"的叫法就代表了这种观点。然而人们后来发现，猪有许多卓越的本领，甚至连人也要向它借鉴学习。

第一次世界大战期间，德国军队攻进了比利时，他们使用了液态氯气，致使大批英法联军将士中毒死亡。战斗结束后，英法联军发现野生动物都死了，只有野猪活着。化学家费里特带着助手来到野外，在野猪跟前放氯气，野猪嗅到刺激性气味时，把鼻子拱进土里，结果没有一只中毒。费里特由此发现，松软的土壤粒可以吸附和过滤毒气。于是，他用既能吸附有毒物质、又不阻挡空气流通的木炭做成颗粒，仿照猪嘴制成了今天常用的防毒面具（见图37-1）。

图 37-1　可爱的小猪与防毒面具

防毒面具的发明中，发明家用了类比的方法。最常见的类比就是比喻，如我们常把小孩的脸比做苹果。

一、精彩比喻

比一比，选择后说出你的理由。然后运用比喻的方法造个句子。

例题：哪个声音更轻？

☑一根针掉在地上　　　　☑猫的行走

为什么？<u>一根针太小了，掉在地上声音基本听不见。</u>

<u>因为猫有小肉垫，走路无声。</u>

造句：<u>小猫轻巧地从床头跳走，就像一根针掉在地上一样让人毫无察觉。</u>

（1）哪个更强大？

☐野草　　　　　　　☐巨石

为什么？＿＿＿＿＿＿＿＿＿＿＿＿＿＿＿＿＿＿

造句：＿＿＿＿＿＿＿＿＿＿＿＿＿＿＿＿＿＿＿

（2）哪个更珍贵？

☐友谊　　　　　　　☐一杯水

为什么？＿＿＿＿＿＿＿＿＿＿＿＿＿＿＿＿＿＿

造句：＿＿＿＿＿＿＿＿＿＿＿＿＿＿＿＿＿＿＿

（3）哪个更不寻常？

☐绿色的落日　　　　☐怕老鼠的猫

为什么？＿＿＿＿＿＿＿＿＿＿＿＿＿＿＿＿＿＿

造句：＿＿＿＿＿＿＿＿＿＿＿＿＿＿＿＿＿＿＿

（4）哪个更嘈杂？

☐南极冰下磷虾群　　☐工厂的喧哗

为什么？＿＿＿＿＿＿＿＿＿＿＿＿＿＿＿＿＿＿

造句：＿＿＿＿＿＿＿＿＿＿＿＿＿＿＿＿＿＿＿

（5）谁会碰到更多的麻烦？

☐近视眼的鹰　　　　☐芳香的臭鼬

为什么？＿＿＿＿＿＿＿＿＿＿＿＿＿＿＿＿＿＿

造句：＿＿＿＿＿＿＿＿＿＿＿＿＿＿＿＿＿＿＿

二、人向动物、植物学了什么

1. 人向动物学了什么

澳大利亚运动员舍里尔，有一次发现一只袋鼠起跳之前总是屈身下蹲，腹部贴近地面，然后一跃而起。袋鼠的起跑姿势启发了他，他想到如果人也像袋鼠那样蹲下去再跃起，一定也会像袋鼠那样产生更大的爆发力。于是，舍里尔发明了与袋鼠相似的蹲式起跑（见图 37 - 2），改变了过去赛跑一直使用站式起跑的方法，并在 1896 年的奥运会短跑比赛中取得了优异成绩。后来，蹲式起跑方式一直沿用至今。

图 37 - 2　向袋鼠学习的蹲式起跑方式

人类发明的船、飞机、潜水艇等，都是向动物学习的结果。

请四处走一走，仔细找一找，人类还向动物学习了什么？

2. 人向植物学了什么

人类从植物身上得到了很多启发。你们应该知道叫做粘扣的东西吧，在大家的运动鞋和外套上面就能找到。

粘扣和植物有关系吗？当然有了，粘扣是模仿苍耳制造出来的。1950年，瑞士发明家梅斯特拉尔带着自己的狗到草地散步。在抚摸狗的时候发现，狗的身上粘满了苍耳。"嗯？苍耳身上原来有刺啊，所以才容易粘在狗身上。"梅斯特拉尔注意到这一现象的原因。

梅斯特拉尔模仿苍耳发明了粘扣。粗糙的部分互相咬合，就可以扣上鞋和外套了。粘扣的优点是可以随意调节它的长度。出现没有鞋带的运动鞋、没有纽扣的外套都是粘扣的功劳。

人类发明的雨伞、锯、降落伞等，都是向植物学习的结果。

请四处走一走，仔细找一找，人类还向植物学习了什么？

 练习题

1. 动物战术

第二次世界大战前夕，英国发明了超声波测位器，对于侦察定位水下潜艇位置十分有效。德军潜艇舰队司令邓尼兹，为了对付英军装备有超声波测位器的舰船，采用了"狼群战术"。同样是第二次世界大战中，美国将军麦克阿瑟在制定太平洋战争战略战术时发明了"蛙跳战术"。请查资料了解这两项战术的详细内容，分析人向动物学会了什么。

2. 向谁学习无声捕鼠

老鼠是人类的敌人，人类常用的灭鼠方法是用鼠夹。但旧式的鼠夹响声太大，老鼠们学乖了，就不再靠近鼠夹。如果要发明一种无声捕鼠器，你准备向哪种动物和植物学习呢？

（1）请列出这些动、植物。

（2）说明它们无声捕猎的方式。

（3）如果把这个方式用在发明无声捕鼠器上，你有什么设想？

✳ **本课要点：**

类比是理解事物的一种方式，可以让我们运用熟悉的事物去说明陌生的事物。在搞技术发明时，可以将要创造的东西与动物、植物进行类比，从而获得灵感。

第 38 课

我是狐狸
——假如我是它

假如我是一只在冬天的雪地里徘徊的狐狸，我已经好几天没有吃东西了，我的胃里是什么感觉？我冷吗？忽然我发现了农夫的鸡窝，我的情绪有什么变化？我是否还能想到危险？我用什么狡猾的办法骗过鸡妈妈，并捉弄了农夫？我的阴谋诡计暂时得逞了，但是我还能继续骗下去吗？（见图38-1）

38-1　雪地中的狐狸

一、假如我是垃圾桶

当我们小的时候，会认为小动物、植物，甚至桌子、椅子都是和自己一样会思考、会说话的。现在，我们长大了，不这样认为了，但是还需要这样想象——它们都是和我们一样会思考、会说话的，或者作"假如我是它"的换位想象，即我们就是它们，以此来亲身体验动物、植物，甚至桌子、椅子的感受。这不仅可以丰富我们的感情，还可能引出新的设想。请同学们一起做"假如我是它"的想象游戏。

（1）假如我是松树：

我希望小朋友给我抓虫子，我身上好痒痒。

_____

_____

（2）假如我是桌子：

我希望我能变形，让小朋友带我到处旅行。

_____

_____

（3）假如我是垃圾桶：

我希望我能变得香香的，让小朋友不再离我远远的。

_____

_____

二、假如我是食欲[①]

想象自己是狐狸，有它的感觉，做它所做的，这并不太困难。但是现在，你真的要更努力展开你的想象了。你要假想自己变成了"食欲"。这里的"食欲"是抽象的，除非你恰好饿了。

成为它！你是食欲，在一只狐狸的空腹中。冬天，森林中只有很少的动物，雪很厚。这只狐狸漫步在没有树叶的树丛中，捕到一只肥兔做晚餐的幻想，支持着它继续拖着脚步寻找。这幻想通常不能变成现实，因为兔子并非一定会被找到。

你不是狐狸，而是驱使狐狸去寻找食物的食欲。现在你正静悄悄地在狐狸的胃里漫游。当狐狸饥饿得开始虚弱时，你则进入了疯狂难忍的疼痛状态。你作为食欲有什么感觉？当狐狸越来越虚弱时，与你的同桌交流你的感觉。

---

①　Gondon W J J. Familiar & Strange［M］. New York：Harper & Row. 1974：87.

请特别注意，你作为食欲，觉得应该有什么感觉，请把这种感觉画出来。

三、快乐是什么①

我们一般认为快乐不成为问题。我们有时快乐，有时不快乐。

下面让我们以"快乐"为主题写一篇短文。在这个过程中，还要运用"假如我是它"的想象。

（1）什么无生命物给你的快乐最大？比如足球、书、玩具、棒棒糖……

_____

（2）想象你是那个无生命物。成为它！你将怎样给别人快乐？

_____

_____

（3）你正在给别人快乐时你有怎样的感受？

_____

（4）形容那个无生命的东西的状态：疲倦？兴奋？放松？还是紧张？

_____

_____

① Gondon W J J. Familiar & Strange ［M］. New York：Harper & Row. 1974：80 - 83.

（5）想象你尽了最大的努力去给别人快乐，但没有任何人给你快乐作为回报。形容你的感觉，并说明为什么你有那样的感觉。

_____

_____

（6）结合你的经历，在下面的横线上各写下一个词：

你给出快乐　　　　　　　没人给你快乐

_____

_____

（7）从上面的栏中各选择一词，放在一起造句，因为词是对立的，句子也就有冲突。

_____

_____

（8）把你最喜欢的句子圈起来。

（9）写一篇短文，主题还是快乐，把你刚刚得到的感想写进去。

_____

_____

_____

_____

_____

_____

 练习题

1. 情感学习

（1）想象一下人类有可能从什么动物那儿学会表达愤怒的方式。为什么这样说？

（2）想象一下人类有可能从什么动物那儿学会了忍耐。为什么这样说？

（3）想象一下人类有可能从什么动物那儿学会了表达悲痛的方式。如果人类真的是学它的样子，那在有人去世时，其他的人会做些什么？

2. 假如我是铅笔

把自己比做铅笔，想象一下自己的感受，然后试着改进铅笔。换位想象这样的体会过程使你对铅笔的看法与过去不同了，一连串的创意会像喷泉一样涌出。

要记住"假如我是它，我会……"。

✳ **本课要点：**

玩"假如我是它"的想象游戏，就是把没有生命、不会说话的东西暂时想象成和人一样有感觉和感情的事物。这能使我们产生一些新体验，丰富我们的情感，提高想象力，有助于创造性地解决问题。

第39课

饿死的毛毛虫
——打破规则

法国心理学家曾做过一个实验，叫"毛毛虫实验"：在一个花盆边缘上放许多毛毛虫，让这些毛毛虫首尾相接，围成一圈，而在花盆周围不远的地方，撒上一些毛毛虫最喜欢吃的松叶。

这些毛毛虫一个接一个，绕着花盆的边缘一圈圈地爬，一小时过去了，一天过去了，这些毛毛虫没有任何转变，仍然绕着花盆边缘转圈。这样过去了七天七夜，这些毛毛虫因为饥饿和精疲力竭而相继死去。

如果能有一只毛毛虫打破尾随的规则，而转向去觅食，就不会有这种悲剧发生了（见图39－1）。

图39－1　笨笨的毛毛虫

一、大桥为什么塌了——遵守必要的规则

大约160年前，拿破仑率军队入侵西班牙，一天，一队人马过铁索桥时，大家按军官口令迈着整齐的步伐前进。突然轰隆一声，大桥震塌了。从此人们制定了一条规则：大部队过桥不许齐步走。制定这条规则的原因是，许多人整齐走路产生的强烈振动与大桥本身固有的振动频率一致时，会产生共振，震塌大桥。现在看来，制定这条规则的理由仍然存在，我们还必须遵守这条规则。然而，如果下个世纪的大桥都建成了自动滚梯式的，那么这条规则也就过时了，我们就要及时制定新的过桥规则。

如果留心观察自己的周围，就会发现，我们被规则包围着、约束着，也被规则保护着。学校有规则、公园有规则、乘车有规则、看病有规则、游戏有规则……想想看，哪些规则必须遵守，也可以思考一下，哪些规则可以被新规则代替？

学校的哪些规则已经过时了？请你找一找。

（1）_____

（2）_____

（3）_____

二、只能用手弹吗——打破头脑中的框框

奥地利作曲家莫扎特是海顿的学生。有一次他和老师打赌，说他能写一首曲子，老师肯定弹不了。海顿当然不相信。莫扎特用了不到5分钟，就匆匆地把乐谱写完，送到海顿的面前。"这是什么呀？"海顿弹奏了一会儿后惊呼起来，"我的两只手分别弹向钢琴的两端时，怎么会有一个音符突然出现在键盘的当中呢？这是任何人也弹不了的曲子。"

莫扎特微笑着在钢琴前坐下，当弹到那个音符的时候，他弯下身来，用鼻子弹出了那个音符。在这里，莫扎特就突破了钢琴只能够用手弹奏的规则，而用鼻子弹奏。而对于音乐大师海顿来说，他头脑中的旧规则阻碍了他创造性地解决问题。要解决这个问题，先要挑出这个旧规则——用手弹，然后针对这个旧规则去想——是否可以不用手弹。

打破过时的规则，首先要重新审查规则，了解一下规则建立的原因，看看这个原因是否还存在；其次要取消过时的规则，制定新的规则。

有时，碰到难题，需要打破头脑中的框框——那些可以打破的规则，不按常规出牌，才能创造性地解决问题。

中国的传统花布只能做衣服和被褥吗？设计师打破这个规则，设计出花布地板、花布瓷砖，甚至花布面小凳子（见图39-2）。

图39-2　传统花布面的小凳子

通过下面的例子，学习如何挑战规则。

缝纫机只能用来缝衣服吗？

挑战规则：缝纫机的根本用途是缝制衣被。但你能想到它可以缝制飞机吗？美国国家航空航天局和波音公司，研制出一种新型高速先进缝纫机，这种缝纫机可以用来缝制碳纤维复合材料的飞机翼板，从而使每个机翼节省大约 8 万颗机械金属铆钉。这样，飞机机翼的重量可减轻 25%，成本也可降低 20%。

（1）衣服只能用线缝。

打破规则：_____

（2）做一碗菜，或咸或淡，只能一个味。

打破规则：_____

（3）自行车只是用来骑的。

打破规则：_____

（4）学习就是老师教、学生学。

打破规则：_____

 练习题

1．挑战游戏规则

找一种你喜欢的游戏，改变其规则，使游戏的难度增加，趣味性更强。我们现在就来试一试、做一做。

（1）改变藏猫猫的游戏规则。

（2）改变中国象棋的两个棋子的走法规则。

（3）改变丢沙包的游戏规则。

（4）改变拔河的比赛规则。

2．改变图书馆里的规则

图书馆里禁止大声喧哗，更不用说唱歌了，但是，这条规则未来可以改变吗？试一试。

✸ **本课要点：**

我们被规则包围着、约束着，也被规则保护着。但是规则不是一成不变的，找出过时的规则，打破它，制定新规则。创造有时需要打破头脑中的框框，就是不按规则出牌。

第 40 课

小小发明家
——未来科技*

设计一款自己喜欢、市场却没有卖的文具，你可以用打印机把这款文具打印出来；城市里道路上又塞车了，车要是有翅膀就好了。别着急，这样的期望已经变成了现实，人们已经发明了会飞的汽车。（见图40-1至图40-3）

图40-1　3D打印机

图40-2　3D打印机的作品

图40-3　会飞的汽车

随着时光的推移，原本只存在于人的大脑中幻想的东西已经出现在我们的生活中，这些都与科学技术的发展密切相关，离不开人的发明创造。

一、3013年的生活

1. 现在的清晨活动

现在你的清晨时光是怎样度过的？回想自己的某个星期一的早晨，从起床一直到你上学的这段时间（6：30—8：00），你都做了什么，你的家庭成员都做了什么。请按照人物分门别类加以描述与说明。

爸爸：_____

妈妈：_____

我：_____

2. 1 000 年之后的 3013 年的清晨活动

设想一下如果时间到了 1 000 年之后的 3013 年，同样是星期一早上的 6：30—8：00，你以及家庭成员都会做些什么呢？

（1）看看你能不能从下面这些预想中得到一些启发：

①在你睡觉的时候，机器人一直帮你锻炼身体，等起床的时候再叫醒你（见图 40 – 4）。

图 40 – 4　睡眠期间帮助人们锻炼身体的机器人

②爸爸的自动剃须刀用不着他自己动手就能工作（见图 40 – 5）。

图 40 – 5　自动工作的剃须刀

③妈妈化妆变得更容易，只需要挑选合适的印章，在脸上进行"复印"就可以了（见图 40 – 6）。

169

图 40 - 6   化妆印章

④全家出门时所穿的衣服，能自动换成当下流行的时新样式（见图 40 - 7）。

图 40 - 7   自动更新时新样式的衣服

⑤爸爸的直升机式的帽子能快速带他到达目的地（见图 40 - 8）。

图 40 - 8   直升机帽子

⑥在上学的路上不是你背书包，而是书包背你（见图40–9）。

图40–9　书包背我

（2）请同学们写下自己的想法：

①_____

②_____

③_____

④_____

⑤_____

⑥_____

⑦_____

⑧_____

⑨_____

⑩_____

二、你希望的未来科技

地球上破坏性最强的力量潜藏于 DNA 中。不信？2009 年，猪流感爆发不过 5 天，这种寄生在猪身上的病毒只是换了几个基因的位置，就让墨西哥全国瘫痪了。学校放假、教堂关门，就连墨西哥城著名的独立日游行都被迫取消了。有一些生物学者和生物爱好者，就像乔布斯在车库里创造了第一台苹果电脑一样，在家里的厨房建立实验室，开展研究，用科学积极地改善人们的生活，改善人们所吃的食物、所喝的水、所呼吸的空气的质量，改善自己的身体。[①] 支持他们精神的是对未来科技的希望。

你对未来科技有什么希望呢？如：

（1）我希望能在家里平台种植高产粮食，可供我一年的口粮。

（2）我希望自己可以打印房子和房间里的家具。

（3）我希望汽车排放的都是有益气体，一点也不污染环境。

（4）我希望有一种廉价的方法，自己就能检测牛奶中的三聚氰胺。

你希望的未来科技：

（1）_____

（2）_____

（3）_____

（4）_____

（5）_____

（6）_____

三、希望引导小·发明

我们通常所说的小发明，指的是在平时的学习、生活中，面对让我们觉得不顺手、不方便的事物或方法时，运用我们的创造性思维及已掌握的科学知识，把其变得更顺手、更方便。

山东省济南市长清区实验小学五年级的同学郑子婷在日常生活中发现人们经常利用电热水壶烧水。但水烧开时，会有水溢出，弄湿地面、桌面和水壶下面的底座，因底座接通电源，存在安全隐患。针对这个问题，她发明了防溢水电水壶。她在水壶的周围设置了一个凹槽，在凹槽的最低处连接一个导管，导管又连着一个小水槽。当水壶发生溢水时，溢出的水先流向凹槽，再由凹槽进入导管，流向固定水槽，这样就可以防止因水的溢出而引发安全事故。

---

① 马库斯·乌尔森. 想当厨子的生物学家是个好黑客［M］. 北京：清华大学出版社，2013.

有的时候，即使没有困扰，也有发明的机会。这时候没有什么东西真的不对劲，只是可以不同或更好。希望引出的小发明和小创意可以这样来做：

（1）写下一个你认为有趣且想去解决的问题，以及你喜欢解决该问题的原因。

（2）让我们想想什么东西可以加以改变。

（3）怎样让它可以更方便地使用，或者用起来更为有趣？

例如，楼梯怎么样变得更有趣？有个小朋友就跟设计师说"我最喜欢滑梯，为什么不能在家里也设计一个滑梯呢？"这个愿望在设计师的帮助下很容易就实现了。

 ## 练习题

1．学校中的未来技术

作为学生，你了解现在学校的各种技术设施或设备的情况吗？比如，教室是什么样的？桌椅是什么样的？黑板是什么样的？黑板擦是什么样的？教室上课的教学工具是什么样的？音乐教室是什么样的？舞蹈教室是什么样的？操场是什么样的？科技教室是什么样的？……

那么，2 000 年后，学校的各种技术设施或设备会变成什么样子呢？

同学们，请展开你们想象的翅膀，大胆地想象学校中未来的各种技术吧！

画出你的设计图，给它起个名字，并对它们的技术功能进行说明。

2．班级、学校比赛

我们要在班级内部比赛，还要把每个班最有创意的作品拿到学校比一比。

同学们，加油！

参加"小小发明家"比赛，请选出你心目中的"最佳创意奖"和"最佳制作奖"。

奖项	获奖者	获奖理由
最佳创意奖		
最佳制作奖		

参考文献

［1］傅世侠，罗玲玲. 科学创造方法论［M］. 北京：中国经济出版社，2000.

［2］李正明. 发明奇径探［M］. 天津：天津科学技术出版社，1990.

［3］吉尔福特 J P. 创造性才能——它的性质、用途与培养［M］. 施良方，等，译. 北京：人民教育出版社，1990.

［4］海纳特. 创造力［M］. 陈钢林，译. 北京：工人出版社，1986.

［5］德·波诺. 横向思维法［M］. 钱军，译. 北京：三联书店，1991.

［6］谢燮正. 创造力开发基础［M］. 沈阳：辽宁科学技术出版社，1994.

［7］戈登 W. 综摄法——创造才能的开发［M］. 林康义，等，译. 北京：北京现代管理学院（内部教学资料）.

［8］Gondon W J J. Familiar & Strange［M］. New York：Harper & Row. 1974.

［9］阿瑞提 S. 创造的秘密［M］. 钱岗南，译. 沈阳：辽宁人民出版社，1987.

［10］孙志铭，丁伯楠，丁维清. 事物——现实型创造思维的起点［M］. 北京：海洋出版社，1992.

［11］孙志铭，丁伯楠，丁维清. 变化——幻想型创造思维的起点［M］. 北京：海洋出版社，1992.

［12］梁良良. 创新思维训练［M］. 北京：中央编译出版社，2000.

［13］黄林. 发明创造趣味培优教程［M］. 杭州：浙江大学出版社，2005.

［14］罗玲玲. 创造性感知训练［M］. 长春：东北师范大学出版社，1992.

［15］罗玲玲. 创造性想象训练［M］. 长春：东北师范大学出版社，1992.

［16］罗玲玲. 思维流畅性、灵活性训练［M］. 沈阳：辽宁少儿出版社，1993.

［17］罗玲玲. 创造性解决问题［M］. 沈阳：辽宁少儿出版社，1994.

［18］罗玲玲等. 创造天梯——家长如何开发孩子的创造力［M］. 沈阳：东北大学出版社，1999.

［19］罗玲玲. 让创意破壳而出——中学生创造力开发［M］. 北京：教育科学出版社，2008.

［20］罗玲玲. 创意思维训练［M］. 2版. 北京：首都经济贸易大学出版社，2012.

［21］詹志禹，陈玉桦. 发挥想象力共创台湾未来——教育系统能扮演的角色［J］. 教育资料与研究双月刊，2011（100）：23－52.

［22］理查德·费曼. 你干吗在乎别人怎么想［M］. 李沉简，徐扬，译. 北京：中国社会科学出版社，1999.

［23］汉斯·尤尔根·普雷斯. 游戏中的科学［M］. 王泰智，沈惠珠，译. 海口：海南出版社，2004.

［24］徐长发. 创新的人才从这里起步［M］. 北京：教育科学出版社，2011.

后 记

20世纪90年代初，沈阳市沈河区文化路小学就是一所全国著名的创造教育实验学校，作为沈阳创造教育的参与者，我当时主编了该小学的教材，与学校合作十分愉快。时过20年了，王丽校长又请我和我的博士生们参与学校的教学改革，探索创造教育的新思路。学校全方位地在各门课程中贯彻创造教育的理念，进行创造性教学的实践。在此基础上，我的学生与学校其他老师一起合作，开设了"创造力开发"的校本课程。为了让老师与学生能更好地把握所学的内容，我们编写了这本《播撒创意的种子——小学生创造力开发》校本教材。

这本教材积累了作者近三十年从事创造力研究与开发的经验，也大量吸收了沈阳市沈河区文化路小学从事教学第一线的老师和广大学生的体验。特别是本书的综合训练，其主题大都涉及对未来的想象，吸收了中国台湾"未来想象力与创意人才培养"科研计划的一些思路。感谢台湾政治大学"创造力与创新研究中心"吴静吉教授的支持和鼓励。

教材由罗玲玲总体设计，罗玲玲、王丽负责审稿。具体分工为：第1课罗玲玲、张娇，第2课张娇，第3课张晶，第4课武青艳，第5课罗玲玲，第6课张娇，第7课张娇，第8课张晶，第9课武青艳，第10课张娇、罗玲玲，第11课武青艳，第12课武青艳，第13课武青艳，第14课武青艳、张娇，第15课武青艳、罗玲玲，第16课武青艳，第17课武青艳，第18课武青艳，第19课武青艳，第20课罗玲玲、张晶，第21课武青艳、罗玲玲，第22课武青艳，第23课武青艳，第24课罗玲玲、武青艳，第25课张娇、武青艳，第26课张晶、罗玲玲，第27课张晶，第28课张晶、罗玲玲，第29课罗玲玲、张晶，第30课罗玲玲、武青艳、张娇，第31课张晶、罗玲玲，第32课罗玲玲、张晶，第33课张晶、罗玲玲，第34课张晶、罗玲玲，第35课张晶、罗玲玲，第36课张晶、罗玲玲，第37课罗玲玲、张晶，第38课罗玲玲、张晶，第 39 课张晶、罗玲玲，第 40 课张晶、张娇。

本书在编写过程中参考了国内外的一些著作、文章和教材，已在参考文献中列出，在此一并向这些作者表示感谢。由于时间所限，书中仍存在一些不足之处，欢迎读者多提宝贵意见和建议，以便再版时进一步完善。

感谢首都经济贸易大学出版社编辑王玉荣对本书的垂爱，在她的精心策划和编辑下，这本书才能这么快与读者见面。

罗玲玲

2013 年 8 月 5 日